Gernot Candolini
Wendepunkte des Lebens

Gernot Candolini

Wendepunkte des Lebens

Dem eigenen Weg vertrauen

Claudius

Bibliographische Informationen Der Deutschen Nationalbibliothek
Die Deutsche Nationalbibliothek verzeichnet diese Publikation in der
Deutschen Nationalbibliografie; detaillierte bibliografische Daten
sind im Internet über <http://dnb.d-nb.de> abrufbar.

3. Auflage 2013
© Claudius Verlag München 2009
Birkerstraße 22, 80636 München
www.claudius.de
Das Werk einschließlich aller seiner Teile ist urheberrechtlich geschützt.
Jede Verwertung außerhalb der engen Grenzen des
Urheberrechtsgesetzes ist ohne Zustimmung des Verlags unzulässig
und strafbar. Das gilt insbesondere
für Vervielfältigungen, Übersetzungen, Mikroverfilmungen
und die Einspeicherung und Verarbeitung in elektronischen Systemen.
Umschlaggestaltung: Büro Vor-Zeichen, München (www.vor-zeichen.de)
Foto Umschlag:
© Aliaksandr Niavolin/Istockphoto.com - Labyrinth oben
© Andreas Resch/Istockphoto.com - Labyrinth unten
Druck: fgb freiburger graphische betriebe, Freiburg

ISBN 978-3-532-62399-2

Inhalt

Einleitung. Im Labyrinth des Lebens 11

Geburt. Das Leben atmen 13

Die ältesten Erinnerungen. Furchen ziehen 16

Die Großeltern. Die Werkzeugkiste der Seele
einräumen 19

Todesangst. Den dunklen Schatten spüren 22

Ich kann das. Aufbrechen und Zusammenfügen 24

Die rote Sonne. Den großen Tanz entdecken 28

Die wichtigste Wendung meines Lebens.
Hören nach innen 31

Bücherschätze. Verse trinken und Worte schmecken . . . 34

Die große Reise. Die Schätze mehren 37

Der Unfall. Dankbarkeit 40

Der erste Kuss. Berührt sein 43

Hochzeit. Das Leben versprechen 45

Das rote Lied. Respekt vor den Tagen der Frau 48

Musik. Breite deine Schwingen aus 50

Das eigene Kind. Willkommen auf der Erde 52

Der erste Satz. Der Ruf des Lebens lautet: Ja 56

Verweigerung. Das Flüstern der Kinder hören 58

Der Kairos. Das Anhalten der Zeit 61

Der kleine Zettel in meinem Fach. Tanze dein Leben . . . 64

Pilgern nach Chartres. Der große Gesang aus Stein 66

Initiation. Du gehörst dazu 70

Mein Körper, der Esel. Sich selbst ein Freund sein 72

Trennung. Sich verabschieden. 76

Umzug. Heimat schaffen 78

Dein kurzer Besuch. Nicht bleiben können. 81

Dringlichkeit. Manche müssen früher aufbrechen. 84

Die letzte Wendung ist der Tod. Kann alles heilen?. 86

Der Tod meines Mannes. Die Liebe ist eine
Entscheidung 88

Die Nachzüglerin. Du bist ja doch noch gekommen 90

Taufe. Du hast einen Namen 93

Erfolg. Die Gabe der Talente nutzen 95

Niederlage. Neue Gärten entdecken 98

Ankunft und Rückweg. Ich habe meinen Traum
erreicht 101

Kündigung. Würde- und respektvoll leben 103

Die große Krise in der Mitte. Der Weg der Liebe 106

Kontrollverlust. Der kalte Fleck im Herzen 109

Burnout. Feuer hinterlässt Asche 111

Glanzlichter. Feste feiern 114

Scheidung. Lass mich gehen 116

Berufswechsel. Alles hat seine Zeit 119

Die guten Kämpfe. Exzellenz heißt auswählen 123

Amtsübergabe. Versöhnt zurücktreten 125

Endpunkte. Etwas Gutes beschließen 128

Tango. Wange an Wange 130

Ruhestand. Versprechen und Segen 132

Der gute Wein. Würze des Lebens 136

Unfertige Wendungen. Auch der halbe Mond ist rund . 138

Wirklich alt werden. Den Kreis schließen 140

Der große Segen. Das Gesicht aufleuchten lassen 143

Schöpferkraft. Ankommen und Aufbrechen. 145

Nachbemerkung und Dank. 147

Quellenverzeichnis 148

Die Straße gleitet fort und fort
Weg von der Tür, wo sie begann,
Zur Ferne hin, zum fremden Ort,
Ihr folge denn, wer wandern kann
Um einem neuen Ziel sich weih'n.
Zu guter Letzt auf müdem Schuh
Kehr ich zur hellen Lampe ein
Im warmen Haus zur Abendruh.

BILBOS LIED AUS „HERR DER RINGE"
J.R.R. TOLKIEN

Einleitung
Im Labyrinth des Lebens

Als ich vor etlichen Jahren mit 70 Männern auf einem Gutshof in der Toskana im Kreis um ein ebenerdiges Labyrinth stand, geschah etwas Besonderes. Wir hatten ausgemacht, dass jeder in der Runde eine wesentliche Wendung seines Lebens erzählen würde. Nie zuvor hatte ich in einer solchen Intensität und Dichte am Leben so vieler Menschen teilgenommen. Es wurde von Geburten erzählt, von Hochzeiten, Trennungen, Unfällen, Krankheiten und Tod, von spirituellen Aufbrüchen und wichtigen Entscheidungen. Manche Wendungen entsprangen gewollten Schritten, viele ereigneten sich überraschend und ungeplant. Wir spürten eine große Verbundenheit in dem Wissen, dass das Leben keine gerade Linie ist und uns immer wieder Dinge begegnen, die den normalen Fortgang des Weges, auf dem wir gerade sind, unmöglich machen. Viele Erzählungen waren berührend und gaben Mut und Zuversicht. Wir erlebten, wie alle auf Wegen unterwegs sind, die sich wenden und doch weiterführen, und dass gerade in den Wendungen oft die wesentlichen Kraftquellen für das Weitergehen liegen. Dieser Abend hat mich bewegt und gestärkt und ich wünschte mir spontan, dass noch viel mehr Menschen daran teilgenommen hätten.

Ich habe diesen Austausch über die Wendepunkte des Lebens seither oft wiederholt. Gerade in Gruppen, die sich treffen, um mit dem alten Symbol des Labyrinths zu arbeiten, das in so wunderbarer Weise den Wendeweg des Lebens abbildet, ist dieses Mitteilen und Teilen von Wendungen immer ein besonderer Moment.

Irgendwann begann ich einige Geschichten aufzuschreiben und die Idee zu diesem Buch entstand. Ich habe mich auch auf die Suche gemacht nach den eigenen wesentlichen Wendungen meines Lebens und habe bemerkt, dass gerade auch in den unerwarteten Wendungen die Einladung steckt, dem Weg, so wie er mir begegnet, zu vertrauen. Eine Wendung zu umschreiten ist in den seltensten Fällen einfach, selbst dann, wenn sie aus einer freien Entscheidung erwachsen ist. Immer gibt es auch Zweifel und ich wäre oft gerne zuversichtlicher, kraftvoller und beschwingter.

Aus allen Erzählungen und den eigenen Erfahrungen habe ich dennoch immer wieder die Botschaft mitgenommen: Vertraue deinem Weg. Das Leben ist ein Labyrinth, aber nicht eines, das in die Irre führen will, sondern einen Weg anbietet, der Schönes, Wertvolles und Gutes zeigen will.

In einem alten Pilgerspruch ist zusammengefasst, worum es in all unseren Schritten letztlich geht: Der erste Schritt ist Demut, der zweite Loslassen, der dritte Empfangen.

Möge der Weg gelingen.

Im Labyrinth verliert man sich nicht,
man findet sich.
Im Labyrinth begegnet man nicht dem Minotaurus,
sondern sich selbst.

HERMANN KERN

Geburt
Das Leben atmen

Die eigene Geburt ist der Eintritt in das Leben in dieser Welt – ein großartiger, dramatischer Akt. Diese Wende des Lebens enthält bereits alle Elemente späterer Wendungen. Neun Monate der Schwangerschaft haben den Augenblick lange angekündigt und vorbereitet. Unvermeidlich, unausweichlich kommt der Zeitpunkt, an dem dieses Lebensereignis durchschritten werden muss. Mächtige Gefühle – Angst, Schmerz und Freude – verdichten sich in einem kurzen Zeitraum.

Überall, wo etwas Neues beginnt, zeigen sich Phasen einer Schwangerschaft. Beginnend mit der ersten Wahrnehmung, der funkelnden Vorfreude, begleitet von Übelkeit, der Sorge, dem Erschauern über die mögliche Größe der Folgen, vom steten Wachsen bis schließlich zum Augenblick des Hervorkommens des Neuen. In einer Wendung sind zuerst Angst, dann Schmerz und schließlich Freude unausweichlich.

Die Geburt bedeutet für die Mutter äußerste Kraftanstrengung und äußersten Schmerz. Dieser Anfang führt an die letzten Grenzen, mehr ist nicht möglich. Alle späteren Wendungen sind „kleine Geburten". Nur der Tod ist wiederum ein ähnlich intensiver Durchgang im Labyrinth des Lebens.

Wie ein Kind seine Geburt selbst erlebt, wissen wir nicht, da diese Erfahrung zwar zweifelsohne in unser Gedächtnis eingeschrieben wird, jedoch nicht in der bewussten Erinnerung bleibt.

Eben noch in wohliger Wärme, geborgen in der Ursuppe des Lebens, beginnen sich plötzlich die Wände zusammenzuziehen. Wir werden durchgeknetet und zusammengepresst, mit aller Kraft fort geschoben aus der alten Heimat. Unser Herz formt sich um, die Lungen öffnen sich und erwarten den großen Einbruch des Außen nach innen.

Die Luft der Erde, die neue Heimat, stürzt mit dem ersten geglückten Atemzug in uns hinein. Kälte und Licht, Bewegung und Freude, Erleichterung und Aufregung, neue Stimmen und neue Berührungen umgeben den Start in das Labyrinth des Lebens.

Diese erste Erfahrung einer großen Wende gibt uns ein tief in unserem Inneren eingeschlossenes Wissen davon, wie Wendungen verlaufen. Zwar fürchten wir uns vor vielen Wendungen und würden, wenn wir könnten, manche vermeiden, aber so wie die Geburt sind alle wesentlichen Wenden unausweichlich. Sie kommen auf uns zu und wir müssen hindurchgehen.

So wie bei den meisten Schwangerschaften der Tag kommt, an dem die Frau ahnt, dass sie schwanger ist, und in jeder Schwangerschaft der Tag, an dem die Ahnung zur Gewissheit wird, so haben wir bei Krisen manchmal eine Vorahnung und immer irgendwann Gewissheit. Wir hören einen Satz, bekommen eine Mitteilung oder befinden uns plötzlich mitten im Sturm und es gibt keinen Zweifel mehr: Vor mir liegt eine Wendung. Sorgen stellen sich ein, aber auch Freude. Meist überwiegen jedoch die negativen Gefühle. Bei vielen, vor allem den nicht selbst gewählten Wendungen rückt der Schmerz heran und drängt die Ahnung, dass selbst die schwierigsten und leidvollsten Wendungen im Kern auch Freude enthalten, in den Hintergrund. Um alles in der Welt wollen wir dann die Wende vermeiden, wenn es nur ginge. Zumindest wird die Frage laut, ob es einen Weg gibt, den Schmerz zu minimieren. Welche Arten von Betäubung, Ablenkung oder Verdrängung sind möglich und welche vielleicht auch kurzfristig hilfreich? Die Sorge, ob alles irgendwie gut gehen kann, die Angst vor dem Verlust dessen, was war, und das Nichtwissen, welche Zukunft hinter der Wendung liegt, schnüren uns das Herz zusammen.

Wenn auch nicht immer bewusst, so können wir letztlich auf eine große innere Erfahrung zurückgreifen: unsere eigene Geburt. Trotz Schmerz und Todesangst, trotz umfassender „Zusammenschnürung", trotz des großen Nichtwissens, wie wir überhaupt am Ende des Tunnels leben und atmen können, ist alles gut gegangen. Dieses Vertrauen dürfen wir am Lebensweg mit all seinen Wendungen lernen: dass alles gut wird. Am Ende jeder Wende sind wir wie neugeboren und bereit weiterzugehen.

Alles Leben, jede Geburt und jede Wendung enthalten auch die Möglichkeit zu scheitern. In jeder Wendung liegt auch die Möglichkeit, zu erstarren, zu verweigern, zu zerbrechen oder zu sterben. Der Tod bleibt ein präsenter Gefährte. Er ist die Stimme der Wachsamkeit, der Dringlichkeit, der Endlichkeit und die ständige Frage, ob es hinter unserem Weg durch das Labyrinth des Lebens noch eine größere Wirklichkeit gibt.

Damit wird der Rahmen unseres Lebens gesteckt. Wesentliches ist nicht belanglos und Entscheidendes nicht beliebig. Qualität ist nicht billig und Reife das Ergebnis innerer Arbeit. Die Liebe ist die umfassendste Herausforderung. In der Geburt werden wir darauf vorbereitet, was Liebe heißt, nämlich alles zu geben und bis zum Letzten zu gehen.

Wir müssen unser Dasein so weit, als es irgend geht,
annehmen; alles, auch das Unerhörte, muss darin möglich sein.
Das ist im Grunde der einzige Mut, den man von uns
verlangt: mutig zu sein zu dem Seltsamsten, Wunderlichsten
und Unaufklärbarsten, das uns begegnen kann.

RAINER MARIA RILKE

Die ältesten Erinnerungen
Furchen ziehen

Niemand kann genau sagen, wie weit seine Erinnerungen zurückreichen. Zu vieles aus dieser ersten Zeit ist im Halbdunkel. Obwohl das menschliche Gehirn fast alles speichert, was wir erleben, ist das meiste nicht jederzeit bewusst und abrufbar. Manche alten Erinnerungen bleiben jedoch präsent, weil das Erleben besonders eindrücklich oder außergewöhnlich war oder die Geschichte so oft erzählt wurde, dass die Erinnerung in diesen Erzählungen lebendig bleibt.

Eine meiner ältesten Erinnerungen hat etwas mit einer sehr anschaulichen Wende zu tun. Wir waren erstmals mit der Familie am Meer. Es gab einen Sandstrand und Krabben, vor denen ich mich fürchtete. Ich liebte die Sandburgen, war aber wasserscheu. Einige Meter vom Strand entfernt waren im Wasser am Übergang vom Flachen ins Tiefe Holzbohlen eingerammt. Mein Vater forderte mich immer wieder auf, einmal um eine dieser Bohlen herumzugehen. Ich sehe sie noch deutlich vor mir, die Wellen und die kleinen, runden, dunklen Rücken der Krabben. Ich schaffte es, aber dieser Erfolg bedeutete mir nicht viel. Nicht jede Wendung, die im Leben auf einen Menschen wartet, durchschreitet er aus eigenem Antrieb.

Deutlich freundlicher ist die Erinnerung an ein seltsames Flugzeug, das man wie einen Drachen steigen lassen konnte und dessen gelbe Flügel sich drehten, und die Erinnerung an das Plastikrennauto ohne Räder, mit dem ich in meinen Sandburgen herumfuhr. Aber auch der Geschmack des Südens hat sich eingeprägt und die entspannte Nähe meiner Eltern.

Urlaub ist kostbar geschenkte Zeit. Hier kann ich Kraft gewinnen für die gewundenen Pfade des Lebens. Wenn solches Erleben sich so tief eingeprägt hat, wenn die älteste greifbare Erinnerung ein Urlaub am Strand ist, dann wird entspannte Vertrautheit, das Gefühl des Fliegens, der Geruch des Meeres immer eine Fluchtburg sein. Und wenn diese Gefühle auch nicht immer präsent sind, sondern nur wie Inseln im Alltag auftauchen, lasse ich doch das „Zuviel" des Lebens getrost auch einmal liegen, weil das Wissen in mir ist, dass auch Autos ohne Räder kostbare Augenblicke ermöglichen.

Die ersten oder ältesten Erinnerungen sind – ob sie traumatisch oder friedvoll waren – Inseln im Meer unserer Lebenszeit. Sie markieren Orte, die wir auf unserer Reise zu meiden oder zu verändern trachten und die uns dazu bringen, die entscheidenden Kämpfe unseres Lebens ausfechten. Oder sie gleichen Inseln, die wir gerne aufsuchen, weil wir wissen, welch kraftvolle Quellen auf ihnen entspringen.

Ulli erzählt: Fast jedes Wochenende besuchten wir unsere Großeltern. Wir Mädchen hatten meistens Kleidchen und weiße Strumpfhosen an. Wir machten immer Wettrennen um den großen Tisch in der Stube und krochen unten durch. Überhaupt liebte ich die Spiele auf allen Vieren. Ich kenne noch gut das Gefühl von Bohnerwachs an meinen Handballen und Knien. Das bedeute aber auch, dass meine Strumpfhose immer rasch schwarz war. Es war ein ständiger Konflikt, diese dunklen Knie auf meiner weißen Strumpfhose. Wie gern hätte ich lieber in kräftigen Stoffhosen gesteckt. Wie oft wäre ich lieber ein Bub gewesen, denn ich war mir sicher, dass Jungen es in vielem leichter hatten. Bis heute kämpfe ich gegen die seltsamen Ungleichgewichte und die Ungerechtigkeiten, die nur durch den Geschlechtsunterschied zustande kommen.

Das Leben schickt uns auf eine Reise. Der Grundstock unseres Selbstvertrauens, unserer Träume, Gaben und Aufgaben wird in der Kindheit gelegt. Auch besondere Themen, mit denen wir konfrontiert werden, prägen sich ein und begleiten uns ein Leben lang. Eine große Bedeutung hat die Kraft von Schwüren und Versprechen, zu denen wir als Kinder und Jugendliche oft schneller bereit sind als später. Aus diesen Erfahrungen, Versprechen und Gelöbnissen entwickeln wir unsere Überzeugungen, Aufgaben und Ziele.

Nie wieder soll so etwas geschehen.

Anders will ich das tun.

Genauso möchte ich leben.

Aus diesen Quellen kann ich schöpfen.

Was nie mehr so sein darf, was ich verändern und was ich erhalten möchte und was ich als Quellen der Kraft und Inspiration erfahren habe, sind Fäden in meiner Hand und Öl in meinen Gefäßen. Die Richtschnur im Weg durch das Labyrinth des Lebens wird aus diesen Fäden geknüpft und die Leuchtfeuer werden mit diesen Ölen entzündet.

Bilder, Sätze, Eindrücke fließen durch uns wie ein Strom. Vieles bleibt hängen in den Netzen der Erinnerung und wird neu verbunden zum Bild meines Lebens. Wir sortieren und vergessen, bewahren auf und decken zu, erinnern uns und formen neu, setzen uns ein und auseinander und werden Teil der Geschichte unserer Zeit.

Morgenspruch

Alles beginnt mit kleinen Samen.
Bring sie zusammen und lass sie wachsen.
Blühe auf.
Alles verblüht und fällt zur Erde.
Achte auf dein Inneres und sei bereit, dich zu öffnen.
Aus der Vergangenheit
gehe in die Zukunft.
Vertraue deiner Stärke und deiner Sanftmut.
Ein neuer Tag erwartet dich.

Die Großeltern
Die Werkzeugkiste der Seele einräumen

Wenn die Kinder klein sind, befinden sich die Eltern meistens mitten in einer Phase des Aufbauens und Gestaltens. Beruf und Haushalt stellen Ansprüche, die Ausgaben sind hoch und das Geld zu verdienen ist mühsam und zeitintensiv. Alles verändert sich ständig, Umzüge stehen an, Optionen müssen geprüft werden, Möglichkeiten sind zu erkunden. Die vielen, oft wechselnden Ansprüche fordern ständige Konzentration und Reaktion.

Die allermeisten Eltern bemühen sich, ihren Kindern Zeit, Raum und Zuwendung zu widmen, ein paar Wochenenden freizuhalten und Urlaube in die Planung einzubauen. Aber die Zeit ist bemessen und es ist gar nicht möglich, den Kindern alles zu geben, was man ihnen gerne geben würde. Wie ich es auch anstelle – was ich gebe, reicht nie aus. Spätestens seit ich meine eigenen Kinder habe sagen hören, was ich selbst gelegentlich als Kritik gegenüber meinen eigenen Eltern dachte oder geäußert habe, weiß ich, dass es zum Leben dazu gehört, einander etwas schuldig zu bleiben.

Glücklich jedes Kind, das Großeltern hat. Immer wieder treten auch Menschen in unser Leben, die zwar nicht die leiblichen Großeltern sind, jedoch großväterliche und großmütterliche Energie verkörpern und weitergeben. Diese Energie spiegelt sich in vielen Märchen wider, die davon erzählen, wie die Verbundenheit mit den Großeltern verhindert, dass ein Mensch von den Dingen, die wie Wölfe in sein Leben treten, verschlungen wird. Faszinierend ist die Originalfassung der Geschichte von Rotkäppchen. Sie erzählt von einem zweiten Wolf, den Rotkäppchen mithilfe der Großmutter überlistet. Das Ergebnis dieses Lernens von der Großmutter findet im Schlusssatz der Geschichte Ausdruck: Von nun an tat Rotkäppchen niemandem mehr etwas zuleide.

Auch wenn es gar nicht viel Zeit ist, die man mit den „großen" Eltern verbringt – sie sind anders da, wenn sie da sind. Vielleicht sind sie entspannter als die Eltern, weniger streng, hören anders zu, nehmen anders Anteil oder drücken ihre Freude direkter aus. Was es auch immer sein mag, Kinder hören ihnen sehr genau zu, schauen, was sie tun, wie sie sind, und nehmen begierig auf, was sie von ihnen bekommen.

Mein Großvater hatte in seiner Gartenhütte eine Blechdose mit vielen bunten Federn. Für einen Bub eine äußerst reizvolle Sammlung. Ich konnte nicht widerstehen und nahm mir eine Feder. Aber da stand er schon im Stiegenhaus, sah die Feder hinter meinem Rücken hervorbaumeln und fragte: „Hast du dir eine Feder genommen?" Lieber lügen als schämen, dachte ich mir und verneinte. Nachdem er auf die unübersehbare Feder gedeutet hatte, nahm er mich zur Seite und sagte: „Wer einmal lügt, dem glaubt man nicht, und wenn er auch die Wahrheit spricht."

Auch wenn das Prinzip „Lieber lügen als schämen" auch heute noch manchmal eine Versuchung ist, so ist diese Begebenheit eingeschrieben in mein Herz und ermahnt mich, nicht den scheinbar leichteren, sondern den ehrlicheren Weg zu suchen.

Dankbar bin ich meinem Großvater bis heute, dass er mich mit einer simplen Bestechung in der Pubertät, in der schwierigsten Phase eines jungen Klavierspielers, dazu gebracht hat, das Üben nicht aufzugeben. Für das Spielen eines Stückes gab er einen Schilling, für 25 Mal Spielen eine Silbermünze. Diese Münzen gehörten zu den wertvollsten Schätzen eines Bubenherzens und so blieb ich in dieser Zeit meinem Instrument treu. Aufrichtigkeit und Großzügigkeit waren die Gaben dieses Großvaters an mich.

Von den anderen Großeltern erhielt ich Würde und Güte, Humor und Genuss, Treue und das Wissen um die Kraft der Vergebung. Und damit sind nur einige der kostbaren Schätze benannt, die die „großen" Eltern an mich weitergegeben haben.

Vielleicht hast du manchmal das Gefühl,
nicht mehr gebraucht zu werden,
nicht mehr interessant zu sein,
nicht mehr wirklich dazuzugehören?
Du täuschst dich.
Verstohlen mustern dich
Junge und nicht ganz so Junge,
sie suchen Antworten für ihr Leben und
hoffen, dass du sie ihnen geben kannst.

Öffne dein Lebensbuch ein wenig, du hast so viel zu bieten:
Lachfältchen und eine Kummerfalte zwischendrin.
Wie hast du es geschafft bis hierher?
Wie hast du Treue halten können?

Sie brauchen Mut für ihren Weg,
sie stehen am Anfang,
du näherst dich dem Ende:
bist gefallen und aufgestanden, weitergegangen,
wurdest getröstet und wurdest ein Trost.

Erzähl ihnen davon, was dich zum Segen werden ließ.

Doris Reinthaler

Todesangst
Den dunklen Schatten spüren

Ich war etwa acht Jahre alt, als ich oberhalb einer alten Mühle einen Gebirgsbach durchquerte. Am Wehr der Mühle stürzte der Bach in einem etwa drei Meter hohen Fall nach unten. Mitten in diesem Wasserfall befand sich ein großer, gefährlicher Stein.

Ich konnte die Kraft des Wassers nicht einschätzen und plötzlich verlor ich den Halt. In diesem Moment ergriff mich die Todesangst. Ganz kurz vor dem Wasserfall konnte ich mich an einem Stein festklammern. Mit letzter Kraft zog ich mich aus dem Wasser und blieb zitternd in der angrenzenden Wiese liegen, bis der Schreck nachließ.

Vreni erzählt: Ich saß in der Küche in unserer Almhütte. Ich hatte im Eisenherd ein Feuer gemacht und schlug gerade ein Buch auf, als mir doch noch etwas kalt war und ich daher beschloss, eine Decke zu holen. Da gab es einen fürchterlichen Knall. Die Eisenringe der Herdplatte flogen an die Decke und die vordere Tür des Herdes wurde mit solcher Wucht herausgeschleudert, dass sie genau dort in der Wand steckte, wo ich eben noch gesessen hatte. Man vermutete später, dass eine Gewehrpatrone des Heeres in dem Stamm eingewachsen war, aus dem das Brennholz geschlagen war. Als die Staubwolke langsam niedersank, wusste ich, dass ich soeben dem Tod entronnen war. Ich denke immer wieder zurück an dieses Ereignis und seither erfreue ich mich bewusster an den Tagen meines Lebens.

Die Geburt ist die erste große Wendung des Lebens, der Tod die letzte. Alles dazwischen hat mit dem einen oder anderen zu tun. Das Leben ist eine Perlenschnur von Nehmen und Geben, Verlieren und Festhalten, Empfangen und Loslassen. Es geht um Aufstiege und Abstiege, neue Räume und nie wiederkehrende Erlebnisse. Es geht um Veränderung und das Älterwerden. Manchmal liegt überraschende Kraft bereit, dann wieder fühlen wir nur ohnmächtige Erschöpfung. Der Weg wendet sich nach innen und außen, er führt in schwungvolle Bögen und lange Durststrecken. Manche Kurven sind ein Fest, andere eine Tragödie. Freude und Schmerz sind unsere treuesten Begleiter, die uns an den schwierigen Stellen des Lebens an der Hand nehmen.

Der Tod schickt seine Boten voraus, damit wir wachsam bleiben, demütig und dankbar. Die Schutzengel erscheinen und erinnern uns, dass es mehr gibt als unsere Vorsicht, nämlich eine sorgsame Hand des Schutzes, die uns das Leben gönnt. Rätselhaft bleiben alle Ereignisse, in denen dieser Schutz letztlich ausgeblieben ist.

Die Engel und die Boten des Todes erinnern an Anfang und Ende. Von der Veränderung kündet der Schmetterling mit seiner geheimnisvollen und ermutigenden Botschaft. Völlige Verwandlung ist möglich. Auch wenn nichts bleibt außer einer leeren Hülle, fliegt doch das gleiche Wesen, einst eine Raupe, jetzt von Blüte zu Blüte.

Der Dunkle hat mir ins Ohr geflüstert,
sein Geruch zog an mir vorüber,
sein Atem besuchte die Seele.

Rasch wird das Gras geschnitten und fällt,
das Herz stockt
und darf sich neu entscheiden zu schlagen.

Noch bin ich bei euch,
aber ich weiß,
meine Stunde wird kommen.

Ich kann das
Aufbrechen und Zusammenfügen

Wolfgang erzählt: Als ich zu einer Aktivistengruppe stieß, ging es mir anfangs nur darum dazuzugehören. Sich gemeinsam für etwas einzusetzen gab mir ein Gefühl der Zusammengehörigkeit und Anerkennung. Man schaute dort nicht so sehr auf meine Schwächen, sondern ich wurde ganz angenommen. Das tat gut, weil ich selbst sehr unsicher war. Als ich an einem Wochenende einmal das beste Spendenergebnis einer Straßenaktion hatte, gab mir das ungeheuer viel.

Irgendwann will man als junger Erwachsener in irgendeiner Sache wirklich gut sein; wenn möglich, zumindest in seinem Freundeskreis und zumindest in einer Sache, der Beste. Ich versuchte es eine Zeitlang als Torwart, aber weil ich klein war, hielt ich nicht lange durch. Als Feldspieler war ich ohne Chance, ebenso auch in allen anderen Sportarten. Aber ich hatte seit meinem sechsten Lebensjahr Klavierspielen gelernt und damit in dieser Sache keine schlechte Ausgangsposition. Nur interessierten sich meine Klassenkameraden und auch die Mädchen nicht so sehr für Bach und Beethoven. Aber dann fiel mir etwas zu: die Noten der Filmmusik „Der Clou". Das Stück hieß „The Entertainer" und nachdem ich es geübt hatte und nicht nur, wie viele andere auch, die ersten vier Takte mit einer Hand, sondern das ganze Stück beherrschte, war ich ganz unerwartet „der beste Entertainerspieler" meines Bekanntenkreises geworden. Es tat der werdenden Seele in mir, die nach ihrem Platz in der Welt suchte, unendlich gut, wenn jemand zu mir sagte: „Pianoman, spiel doch einmal."

In dieser Aufbruchszeit spürt der Mensch die Kraft, die in ihm schlummert, und er will ausprobieren, was er kann oder meint zu können. Er will sehen, was gut gelingt, und der Umgebung zeigen, dass er ein aktiv gestaltender Teil der Gesellschaft ist.

Dann kam eine Zeit, in der wir als Gruppe Jugendlicher einen Chor gründeten und Kulturtage veranstalteten. Rasch wurde das Ganze größer und wir organisierten Konzerte, Veranstaltungen und schließlich ein Kunstfestival für die gesamte Stadt. Heute schmunzeln wir zwar ein wenig darüber, wie großspurig und idealistisch wir gedacht haben, aber wir konnten uns beweisen und im Nachhinein kann ich nur sagen: Gesegnet die Erwachsenen, die geholfen und uns ermutigt haben und uns gewähren ließen.

Wenn die Jugend keine Chance erhält, ihre Kreativität, ihre Ideen und Fähigkeiten innerhalb der Gesellschaft zu erproben, treiben die Versuche, etwas Bezeichnendes, Sichtbares und Kraftvolles zu leisten, auch seltsame Blüten. Sie können das bunte Bild des Lebens bereichern, bringen aber oft auch eine dunkle oder gar inakzeptable Seite zum Vorschein. Bereichernde Aspekte finden sich manchmal in provokanter Kunst oder hochidealistischem Einsatz für eine bestimmte Sache, während Extremismus, Zerstörung, sinnlose Gewalt oder gar Terror inakzeptable Äußerungen sind.

Zugehörigkeit spielt im Leben jedes Menschen eine große Rolle. Als Kind gehört man ganz einfach zu einer Familie, aber wenn der Kreis der Familie zu klein wird und der Mensch hinaustritt in die Welt, werden andere Zugehörigkeiten wichtig. Zugehörigkeit und Verbindung erleben wir vielleicht zuerst mit einem „besten Freund" und einer „besten Freundin", dann auch in einem Freundeskreis, einer Grundhaltung, einer Wertvorstellung, einem Lebensgefühl.

Die große Wendung aus der Kindheit heraus in die Jugendzeit wird vom Klang zweier Posaunen begleitet. Die eine trompetet in die Welt: „Ich bin da und ich kann es" und die andere: „Ich bin dabei und gehöre dazu." Wenn diese Sätze im Inneren erklingen und ihre Gültigkeit von außen bestätigt wird, dann entsteht ein Fundament des Selbstbewusstseins, das über die Akzeptanz in der Familie hinausreicht in die Welt.

Ein Privileg der Jugend ist die Übertreibung. Jugendliche reden ausschließend, schießen übers Ziel hinaus, sehen nur die eine Seite, glauben radikal, fällen harte Urteile und engagieren sich bedingungslos. Lethargie, Betäubung, Bequemlichkeit und endlos wirkendes Investieren von Zeit in Banalitäten – auch darin neigen Jugendliche zur Übertreibung. Aber das Durchbrechen oder Verweigern des Normalen ist Ausloten und das Erforschen von Neuland.

Auch wenn man in späteren Jahren manchmal an diese Energie der Jugend anknüpft, bleibt auf der weiteren Lebensreise doch immer die Aufgabe, die Balance zu finden. Auf der einen Waagschale liegt das Zuviel, auf der anderen das Zuwenig. Manchmal überfordern wir uns, übernehmen Aufgaben und Verantwortungen, für die wir nicht geschaffen sind. Manchmal trauen wir uns nicht, Bereiche zu erobern und auszufüllen, die uns entsprechen. Manchmal geben die Umstände vor, was wir sein dürfen und tun können. Immer aber auch besteht die Freiheit, die eigene Lebensreise und die Aufgaben und Vorhaben selbst zu gestalten.

Das Leben meint es gut mit uns und die Familie, die Freunde, die innere Stimme und die Erfahrungen, die wir machen, versuchen uns zu bremsen, wenn wir über das Ziel hinausschießen, und uns anzufeuern, wo offenes Land vor unseren Füßen liegt. Entscheidend dabei ist, was man wirklich selbst denkt und glaubt, was man wirklich gerne tut und gut kann. Wir wollen unsere Fähigkeiten und unser Können einbringen und dazugehören zu denen, die von unserem Einsatz profitieren und sich mit uns am Erreichen der Ziele freuen.

Väter und Mütter,
kramt in euren Erinnerungen
und stellt euch nicht über die Kraft der Jugend
und ihre seltsamen Geschichten.
Reicht sichtbar und heimlich eine Hand und
kritisiert nicht, was ihr nicht versteht.

Die Zeiten ändern sich und bleiben doch gleich.
Jede Generation sucht nichts als das Leben.
Grenzen zu überschreiten ist Teil davon, die Grenzen
zu finden.

Aus Schwarz und Weiß wird das gute Grau des Lebens
gemischt.
Wer Links und Rechts ausbalanciert, bekommt einen
aufrechten Gang.
Rosa, orange, rot, violett, blau und grün ist der
aufgebrochene Sonnenstrahl.
Wenn das Leben schließlich alles wieder zusammenfügt,
ist es Licht.

Die rote Sonne
Den großen Tanz entdecken

Als Jugendlicher war ich ein paar Tage allein in Schweden unterwegs. An einem See spazierte ich in einen urigen Wald und fand für mein kleines Einmannzelt den perfekten Lagerplatz. Ein dickes Moospolster neben einem kleinen Felsen unterlegte mein Bett wie mit einer edlen, federweichen Matratze. Ein unbekannter, feiner und angenehmer Duft streifte an mir vorbei und ich atmete das Wohlwollen und die Freundlichkeit der mich umgebenden Natur ein.

Am Abend saß ich am Ufer des Sees und beobachtete die niedergehende Sonne. Als sie die dunklere Färbung am Horizont anzunehmen begann, folgte ich dem spontanen Entschluss, ihr entgegenzugehen. Ich zog die Schuhe aus, stieg ins Wasser und begann langsam auf die orange gewordene Sonne zuzugehen.

Das Ufer blieb flach und ich konnte immer weitergehen. Die Sonne wurde rot und sprühte ihre Farbe auf die umgebenden Wolken. Als ich etwa 30 Meter vom Ufer entfernt im See stand, vollkommen umgeben von dunkelblauem Wasser, ein roter Himmel mich überdachte und der letzte glutrote Bogen hinter dem Horizont abtauchte, durchströmte mich eine Welle von Freude, Erkenntnis, Dankbarkeit und Geborgenheit.

In diesem Augenblick veränderte sich etwas in mir. Es war wie ein Stück Aufwachen, ein Schritt beim Erwachsenwerden, als hätte ich etwas von der Realität des Lebens erkannt, das mir so bisher nicht bewusst war. Das Erleben war etwas Heiliges, für das die Worte einer Sprache nie ausreichen; es war mehr, als gesagt werden kann: mehr als die Freude an der Schönheit der Natur, mehr als die Erkenntnis, dass ich in dieser Welt ein willkommener Mitbewohner bin, mehr als die Dankbarkeit, leben zu dürfen, und mehr als das Gefühl, von Himmel und Erde, Schöpfer und Schöpfung umarmt und geliebt zu sein.

Mit dem Erwachsenwerden betritt der Mensch die Welt des Hinterfragens. Irgendwann beginnen das Erfahren und Nachdenken über das große Ganze. Was ist das Leben? Wie funktioniert der Kosmos? Welche Kräfte wirken? Und warum? Menschen sind unendlich neugierig auf das, was sie umgibt. Wir wollen die größten und die kleinsten Dinge des Universums erforschen. Wir durchforsten die ganze Erde, gehen durch jeden Urwald, auf jeden Berg, tauchen durch die Meere und graben in die Tiefe und, soweit wir können, fliegen wir sogar, zumindest unsere Augen richten wir in den Himmel und in den Weltraum. Und immer, wenn wir etwas entdecken, geben wir ihm begeistert einen Namen. Damit sagen wir: Wir haben dich gesehen, wir wissen, dass es dich gibt, und so sollst du heißen.

Vielleicht ist es das, was uns letztlich von allen anderen Lebewesen unterscheidet. Sie leben, was sie sind, und denken nicht darüber hinaus. Sie übernehmen keine Verantwortung für Dinge außerhalb ihrer Welt und wissen nichts vom Ganzen. Sie erforschen nicht möglichst vieles, um alles möglichst gut zu verstehen.

Staunen und Neugier sind Kernpunkte unseres Seins. Sie begleiten unser Aufwachen und die Bewusstwerdung unseres Lebens. Sie bleiben Begleiter in den immer weiter werdenden Bahnen des Lebens.

Walter erzählt: Ich war eine Woche mit Freunden am Roten Meer und war fasziniert von der fantastischen Unterwasserwelt, die wir beim Schnorcheln sehen konnten. Einmal lag ich müde auf dem Deck unseres Bootes und genoss das erholsame Schaukeln in der Sonne. Als mir zu warm wurde, sprang ich ins Wasser. Auf einmal sah ich, dass etwas auf mich zu schwamm. Ich war viel zu überrascht, um zu erschrecken oder mich zu fürchten, obwohl ich direkt vor meinen Augen eine Reihe von Zähnen sah. Es war ein Delphin und instinktiv breitete ich die Arme aus. Da schwamm er direkt in meine Arme hinein. Es fühlte sich seltsam an und doch unendlich vertraut. Da dreht er den Kopf zur Seite und schaute mich an. Ich hatte noch nie in die Augen eines Delphins geblickt und fand sie freundlich und beinahe etwas verschmitzt. Ich konnte es kaum glauben. Da schwamm ich als fremdes Wesen mitten in einem weiten Meer und ein Delphin hatte sich einfach in meine Arme gelegt. Ich hatte das Gefühl, dass dieser Augenblick unendlich weitergehen könnte. Inzwischen waren meine Freunde näher gekommen. Mit einer fast unmerklichen Bewegung schwamm der Delphin von mir weg. Der Bootsführer, der schon Jahre hier lebt, hatte so etwas noch nie gesehen. Auch mir erscheint diese Begegnung immer noch nahezu unwirklich und doch weiß ich, dass ich in diesem Augenblick das Vertrauen und die Lebensfreude erlebt habe, die alle Geschöpfe miteinander verbindet.

Sonne und Mond.
Sterne und Meer.
Berge und Wälder.
Blumen und Schnee.
Bäume und Tiere.

Ich weiß noch nicht, wer ich bin.
Wisst ihr es?

Staunend folge ich meiner Neugier
und tanze mit euch den großen Tanz des Lebens.

Die wichtigste Wendung meines Lebens Hören nach innen

„Bittet, so wird euch gegeben, suchet, so werdet ihr finden, klopfet an, so wird euch aufgetan" (Matthäus 7,7). Als mein Freund auf meine Frage, wie ich mich denn ändern kann, diesen Satz sagte, berührte er mich eigenartig. Ich kannte die Grundrisse des christlichen Glaubens und fühlte mich im Großen und Ganzen ihren Inhalten zugehörig, aber jetzt traf mich etwas bislang Unbekanntes. Ich spürte eine Betroffenheit, die neu war. Als ob ich in mir einen Ort erreicht hätte, an dem ich nie zuvor war.

Auf diesen Satz hin bat ich um wirkliche Veränderung. Einiges veränderte sich sofort und überraschend direkt, andere Veränderungen begannen langsam und erweisen sich als lebenslanger Prozess. Aber nicht das „Funktionieren" dieses Satzes war das Entscheidende. Ich hatte einen Raum in mir entdeckt, den ich vorher nicht kannte. Alles, was daraufhin folgte, das Öffnen dieses Raumes, das Land dahinter, die Begegnungen, die Verbundenheit, die Zugehörigkeit, das Spüren, Sehen und Schmecken des Göttlichen, ist weit mehr, als sich in Worten sagen lässt.

Viel, groß, tief, zart, elegant, leicht, gewaltig – jeder Versuch zu beschreiben bleibt immer nur ein Schatten dessen, was ich meine. Was damals passiert ist, nenne ich für mich die wichtigste Wendung meines Lebens. Es war dieser Augenblick der Gottesbegegnung, der ausreicht, um das ganze Leben darauf zu bauen. Es war eine Bekehrung, die mich aus der bisherigen Bahn genommen und in eine neue Bahn gestellt hat.

Es ist immer wieder faszinierend zu hören, wie andere Menschen diese Wendung erlebt haben. Ein langsames Hineinwachsen, ein leises Öffnen, ein seltsamer Traum, ein dramatischer Augenblick, ein heiliges Versprechen, ein überwältigendes Gefühlserlebnis oder eine seltsam nüchterne Eingebung. Manche Ereignisse, von denen ich gehört habe, spiegeln auch den großen Humor, der sich in den sogenannten ernsten Dingen des Lebens immer wieder findet.

So erzählte Benni, warum das Aussprechen des Wortes „Ja" eine der wichtigsten Wendungen in seinem Leben war. Benni war konfessionslos aufgewachsen und nie sonderlich spirituell interessiert. Es war für ihn mehr eine reizvolle Abwechslung, ein exotisches Abenteuer, hin und wieder mit einer Gruppe mitzugehen, die sich um einen Guru gesammelt hatte, der eine Mischung aus verschiedensten östlichen Religionen lehrte. Einmal beschloss der Guru, 70 Tage nicht zu sprechen, dann wollte er der Gruppe seine Erkenntnisse aus dem Schweigen mitteilen. Alle wollten natürlich dabei sein, wenn er das erste Mal wieder sprach, und so war auch Benni an diesem Abend da. Der Guru sagte nur einen Satz: „Ich bin Jesus begegnet und möchte euch nun alle auf seinen Namen taufen." In der Nähe war ein großer Springbrunnen, die ganze Gruppe sprang hinein und wurde „getauft". Es war eine Riesengaudi und der Abend endete mit einer ausgelassenen Party. Seit jenem Abend war der Guru verschwunden und die Gruppe löste sich auf.

Einige Jahre später wurde Benni gefragt, ob er für das Kind eines Freundes Taufpate werden wolle. Er sagte zu und als der Pfarrer ihn fragte, ob er denn getauft sei, durchfuhr es ihn von oben nach unten, als er sich Ja sagen hörte. Er dachte an den Springbrunnen und begann zu lachen, aber mit solch einer Freude, dass er die Eltern und den Pfarrer damit ansteckte. Dann kamen Tränen und Benni sagt heute, dass er nie in seinem Leben so viel gelacht und geweint hat wie damals in diesen zehn Minuten. Tausend Steine sind von ihm abgefallen, tausend innere Duschen hat er genommen – in diesem einen Augenblick, als er die Frage des Pfarrers nach der Taufe bejahte und erst in diesem Moment wusste, dass dieses Ja nicht aus einer amüsanten Erinnerung an einen Springbrunnen, sondern aus der tiefsten Tiefe seiner Seele kam.

Wo immer dieses Ja gesprochen wird, verändert sich etwas Grundlegendes. Es wird uns bewusst oder wir treffen die bewusste Entscheidung, dass wir im Leben nicht nur bestimmte äußere Ziele erreichen, sondern auch innerlich wach und spirituell offen leben wollen. Die immerwährende Suche nach Gott, nach den großen Geheimnissen hinter den Dingen und das Rätsel des eigenen Seins bekommen einen bedeutenden Platz. Manche finden Heimat in den Bekenntnissen einer Religion, für andere ist die Zugehörigkeit zu einer Gemeinschaft und ihrem Glaubensrahmen eher einengend als hilfreich. Glaube ist immer mit einer großen Freiheit verknüpft, denn jeder Weg, den ein Mensch geht, ist einzigartig.

Entscheidend ist auch nicht, was genau ein Mensch glaubt, auch nicht, ob sich eine Glaubensgemeinschaft an manchen Stellen ihres Bekenntnisses irrt, entscheidend ist vielmehr, was aus dem Glauben folgt. Folgt das Gute? Segen statt Fluch, Solidarität statt Ausbeutung, Hilfe statt Gleichgültigkeit, Respekt statt Unterdrückung, Bewahrung statt Zerstörung, Liebe statt Verbitterung – die Liste ist endlos und jede Lebensgeschichte schreibt neue Begriffe dazu.

Das Bemühen um den Glauben bleibt ein dauerndes Ringen, Scheitern und Suchen, aber der bewusste Eintritt in den Weg des Glaubens, die Entscheidung, einem spirituellen Weg zu folgen, ist eine Wende, die nicht nur einen neuen Wegabschnitt, sondern eine neue Welt öffnet.

Schweigen ist das Einüben des Zuhörens.

Bücherschätze
Verse trinken und Worte schmecken

Mein Großvater war fasziniert von den großen Kulturen der Geschichte, besonders von den Ägyptern, Griechen und Römern. Noch mit 82 Jahren versuchte er, sich einen Kindheitstraum zu erfüllen und heimlich zu den Pyramiden zu reisen. Damals war diese Reise allerdings noch weitaus schwieriger als heute und so blieb es bei der Planung. Stundenlang erzählte er mir die Ausgrabungsgeschichten von Tutenchamun und Troja. Es waren die ersten fremden Welten, in die ich als Kind eintauchte und in denen ich mich in Howard Carter oder Heinrich Schliemann versetzte.

Spät begann ich selbst zu lesen, wiederum Entdeckungsgeschichten. Einer der Buben wäre ich gerne gewesen, deren Hund in die Höhle von Lascaux gefallen war und die daraufhin die Gemäldegalerie der Tierbilder aus der Steinzeit entdeckt hatten, oder der Archäologe Mitchell-Hedges, dessen Adoptivtochter Anna in Lubaantum den schönsten aller Kristallschädel gefunden hat.

Dann folgten unendlich viele Bücher von Karl May und Old Shatterhand wurde in den Sommerferien mein zweites Ich.

Später gewannen Bücher eine lebenswendende Bedeutung. Verse der Bibel trank ich wie frisches Quellwasser. Geburtshelfer meiner Selbstwerdung waren die Gedichte von Ulrich Schaffer und die fantastischen Welten von C.S. Lewis. Sein Buch „Die große Scheidung" hat mich viele mir vorher unbegreifliche Gedanken über das Leben in Zeit und Unendlichkeit verstehen lassen.

Bücher können von heute auf morgen etwas ändern. Ein Satz – und in der Seele macht es „klick" und eine neue Tür öffnet sich. Neues Land breitet sich aus, neue Wege erscheinen in den unendlichen Weiten des Lebens. Manchmal wird nur durch die Stimmung eines Buches alles leichter und verständlicher. In manch alltäglichem Kampf hatte ich das Bild Aragorns aus dem Buch „Der Herr der Ringe" vor Augen und die Weisheiten aus dem „Handbuch des Kriegers des Lichtes" von Paul Coelho als korrigierende Richtschnur. „Das Enneagramm" von Richard Rohr und Andreas Ebert hat mein Menschenbild deutlich entspannt und Richard Rohrs „Der wilde Mann" hat mich auf eine wichtige Reise geschickt.

Bücher sind Schätze, Leuchtfeuer auf den Nachtwegen, Musik am Morgen, Wasser und Stab am Tage und herrliche Gedankenflüge und Geschichtenträume am Abend. Erzählungen, ob wahr oder Fiktion, verbinden uns mit den Menschen auf der ganzen Welt, mit ihren Träumen und mit ihren Nöten. Ich erahne die Kräfte des Schicksals, erschauere vor den Energien des Zornes und tauche ein in Trauer und Ängste. Ich erlebe Wandlungen und Verwandlungen mit und je mehr ich lese, desto fester beginne ich an die Macht des Guten und der Liebe zu glauben. Ich bekomme eine Ahnung davon, was möglich ist, und werde ermutigt voranzugehen.

Geschichten nehmen mich mitten hinein in die Suche der ganzen Menschheit nach Glück und Erfüllung, aber auch nach Grenzerfahrungen, die ich zwar nicht alle selbst erleben, aber doch miterleben kann. Dieses Miterleben beflügelt und nimmt mir in manchen Abschnitten des eigenen Weges die Schwere der Füße. Der Mut anderer steckt an, selbst mutig zu sein, und dass andere tiefe Krisen durchwandert haben, verleiht mir selbst in meinen Krisen einen festen Schritt. Wenn möglich ist, was ich gelesen habe, dann ist auch in meinem Leben vieles möglich. Geschichten gleichen einer endlosen Schnur, geflochten aus Durchlebtem, Erhofftem und Errungenem. In Geschichten wird eine unzählbare Reihe von Händen sichtbar, die losgelassen und doch mehr gewonnen als verloren haben, und ebenso ein Meer an aufgehaltenen Händen, in die Reichtümer gelegt wurden.

Es wird um vieles leichter, diese Schnur auch selbst in

die Hand zu nehmen, selbst die Hände zu öffnen, um zu geben und zu nehmen, selbst die eigenen Gedanken und Träume fliegen zu lassen und an ihre Verwirklichung zu glauben, sich fröhlich und mutig in den Fluss der Geschichte und der Geschichten hineinzustellen und seine eigene Geschichte zu leben, wenn man zugreift und sich stärkt an dem, was Bücher und Erzählungen an geistiger Nahrung enthalten.

Tief verbeuge ich mich vor all jenen, die erzählen und geschrieben haben, und ich danke der Fügung, dass so viel Gutes durch meine Hände geblättert wurde und durch meine Augen in meine Seele gefallen ist.

Lest, ihr Faulen, lest.

Werft fort die Bücher, die nichts taugen,
und fresst euch in die guten.

Rein in den Lehnstuhl,
vergesst die Pflichten.

Brot steckt in so manchem Wort
und Saft und Wein in den Geschichten.

Die große Reise
Die Schätze mehren

Ursprünglich hatten mein Freund Elmar und ich die Idee, mit meinem alten VW-Käfer nach Indien zu fahren. Im Zuge der Vorbereitungen entdeckten wir unerwartet günstige Flugtickets „round the world". So entschieden wir uns zu einer Weltreise. Wir arbeiteten als Skilehrer und als Waldarbeiter, um uns das Reisegeld zu verdienen, unsere Eltern unterstützten uns und nie werde ich jenen Augenblick vergessen, als ich bei einem Verwandtentreffen von meinem Vorhaben erzählte und einer meiner Onkel seine Geldbörse öffnete und mir tausend Schilling gab. Da sagten die anderen beiden Onkel am Tisch: „Ich auch." Und jeder gab mir einen Tausender.

Wie unerwartet war Indien: die Flut von Taxifahrern, Kindern und Händlern, die uns bedrängten, die noch nie so erlebte Hitze, die Vielzahl an Menschen, die sich durch die Straßen bewegten. Fasziniert erlebten wir den Glanz der Architektur, die Farbenpracht und Vielfalt der Menschen, Armut und Reichtum auf engstem Raum, Gurus, Leprakranke, Theaterspieler und die entspannte Freundlichkeit wunderbarer Menschen.

Wir waren unbeschwert aufgebrochen, mit kindlicher Entdeckerlust, ohne Blick zurück und kamen aus dem Staunen über die Fülle der Welt und die Begegnungen mit den unterschiedlichsten Bürgern und Bürgerinnen der Erde nicht mehr heraus.

In China erlebte ich eine Art von Gastfreundschaft, die mir bislang unbekannt war. Der Wirt eines Restaurants, in dem ich gegessen hatte, ließ es sich nicht nehmen, mich zur Haltestelle zu begleiten und mit mir zu warten, damit ich ja in den richtigen Bus einstieg, und ein Schneider, der mein zerrissenes Hemd nähte, meinte, es wäre ihm eine große Ehre, jemandem zu dienen, der so weit gereist ist, und wollte kein Geld für seine Arbeit nehmen.

Wie wenig wusste ich über Gastfreundschaft, wie wenig über das Geheimnis des Zeithabens. Wie schnell hatte ich mir eine Meinung über andere Völker und Kulturen gebildet, ohne jemals die andere Seite gesehen, geschweige denn zugehört zu haben.

Wie wenig wusste ich von Früchten, die ich bereits kannte, die aber erst ihre ganze Köstlichkeit entfalten können, wenn sie direkt am Baum reifen.

Das Reiseabenteuer endete bei einem Freund in East-Texas, dem immer noch das Pionierblut des Wilden Westens durch die Adern fließt. Er brachte mir bei, wie man Kupferkopfnattern jagt, Blechdosen von Kuhzäunen schießt und wie man mit einem Ziegenbock kämpft.

Reisen bedeutet, selbst Entdecker und Pionier zu werden. Auch wenn ich nicht der erste Mensch bin, der seinen Fuß an irgendeine Küste setzt, so ist es für mich doch der erste Schritt in unbekanntes Land. Die Schätze, die es zu finden gilt, sind nicht Gold oder Edelsteine, sondern viel kostbarer. Es sind die Erfahrungen, Geschichten, Träume und das Lebensgefühl der anderen. Was sie unter Zuhause verstehen, wie sie teilen, was sie haben, was in ihren Augen schön und was tabu ist, was sie unter Höflichkeit verstehen und was sie fürchten, das sind die Schätze, die mein Leben reich machen können. Indem ich meinen Horizont erweitere, wird mein Herz größer. Gerade das Anderssein der andern wird zu einem Teil meines eigenen Reichtums.

Ich wusste nicht, dass man einfach einem soeben flüchtig kennengelernten Weltenbummler den Haus- und Autoschlüssel in die Hand drücken und sagen kann: „Es tut mir leid, ich habe heute lauter Termine, aber der Eiskasten ist voll, Benzin ist im Tank, mach dir einen schönen Tag, wir sehen uns am Abend."

Ich wusste nicht, dass es üblich sein kann, zuerst mit dem Kunden Geschichten auszutauschen, bevor man für ein Geschäft bereit ist, und dass die Qualität der Erzählung den Preis mitbestimmt.

Ich wusste nicht, wie arm und reich, wie wild und

schön, wie verschmitzt und bezaubernd, wie geduldig und traurig, wie herrlich und liebevoll die Menschen dieser Welt und die Erde selbst sein können.

Rascher als erwartet verblassen die Erinnerungen und verlieren ihre Kraft für das eigene spontane Handeln. Immer wieder braucht es die Auffrischung durch andere Menschen und die Erfahrungen in anderen Ländern. Durch den Blickwinkel der anderen werden mir auch die eigenen Schätze bewusster, das, was ich scheinbar so selbstverständlich habe, das gute Land, in dem ich lebe, und die Freiheiten, die ich genießen kann. Manche Lebensumstände anderer wecken mein Staunen über deren Kraft und Gelassenheit. Ich spüre das Glück der Einfachheit, aber auch den Schrecken der Armut und der Ohnmacht. Ich werde herausgefordert, meinen Lebensentwurf zu hinterfragen und über meinen Tellerrand hinauszublicken. Fremde sind kostbar. Sie dehnen meine Welt, sie weiten meinen Blick und lehren mich, mehr von dem zu sein, der ich gerne bin und noch werden möchte.

Mit jedem Aufbruch werde ich neu zum Entdecker und zu einem Pionier im warmen Süden und rauen Norden, im Fernen Osten und Wilden Westen meines eigenen Herzens.

Ich habe gesehen
die Freude und Sorge in euren Augen,

ich habe geschmeckt,
wie viel eine Schüssel Reis am Tag bedeutet,

ich habe gehört
eure Träume und Standpunkte,

ich habe gerochen
die Holzfeuer, den Tee, Abgase und Gewürze.

Ich war bei euch und seither bin ich nicht mehr derselbe.

Der Unfall
Dankbarkeit

Ich wachte auf und bemerkte, dass ich in einem Bett lag. Mir gegenüber sah ich weitere Betten, offensichtlich lag ich in einem Krankenhaus. Dann bemerkte ich, dass mein Arm in einem Verband steckte.

„Aber wie bin ich hierher gekommen?"

Ich kramte in meinen Erinnerungen, konnte aber nichts finden außer einem langen Stiegenhaus, das ich hinuntergegangen war. Auch als ich versuchte, konzentriert nachzudenken, bleib das Treppenhaus die letzte zugängliche Erinnerung.

War ich die Treppe hinuntergestürzt? Hatte ich einen Autounfall oder war ich auf dem Weg zum Skifahren und hatte dort einen Unfall?

Da nahte eine Krankenschwester und ich fragte: „Wissen Sie, was mir passiert ist?"

Aber sie antwortete nur: „Sie haben eine Schulterverletzung." Und schon war sie wieder außer Reichweite. Bald darauf kam ein Arzt, aber ehe ich etwas fragen konnte, fragte er: „Wissen Sie, wo Sie Silvester verbracht haben?" – „Ja, in Innsbruck." – „Sehr gut, dann ist ja das Schlimmste überstanden." Und schon war er wieder zur Tür hinaus.

Etwas später ging die Tür wieder auf und mein Freund Martin kam herein. „Gott sei Dank bist du da", sagte ich, „jetzt kann mir endlich jemand sagen, was passiert ist." Da setzte sich mein Bettnachbar auf, lehnte sich zu uns herüber und sagte: „Nein, bitte nicht schon wieder."

Ich blickte verdutzt, aber Martin klärte mich auf, dass er mir gestern dreimal oder noch öfter erzählt hatte, was passiert war. Jedes Mal, wenn er fertig war, hatte ich erneut gefragt, was denn geschehen war.

„Also gut, noch einmal", sagte Martin und erzählte, dass ich einen schweren Sturz beim Skifahren gehabt hatte. Mir war passiert, was ich immer nur bei unvorsichtigen

Rowdys für möglich gehalten hatte: Ich war über eine Kuppe gesprungen, hatte einen querenden Skifahrer übersehen, war mit diesem zusammengeprallt und mit dem Kopf aufgeschlagen. Ich war zwar nicht bewusstlos, hatte aber nach dem Sturz nur mehr seltsam reagiert und verwirrt gesprochen, sodass meine Freunde zu guter Letzt die Rettung geholt hatten.

Über zwei Wochen dauerte es, bis ich aufstehen konnte, und mehrere Monate, bis ich das Gefühl hatte, dass in meinem Kopf wieder alles normal abläuft.

Die wunderbaren Selbstheilungskräfte des Körpers sind so groß, dass viele Unfälle keine nennenswerten Spuren hinterlassen. Dieser Unfall jedoch hat Wunden zurückgelassen, die niemals mehr ganz ausheilen. Die leisen Schmerzen in meiner Schulter erinnern mich seither täglich an die keineswegs stabilen Grenzen des Lebens und daran, dass nichts, aber auch gar nichts, selbstverständlich ist.

Ein Unfall kann die Rahmenbedingungen des Lebens von heute auf morgen verändern. Und selbst wenn er keine äußerlich bleibenden Spuren hinterlässt, löst er doch eine Kette von Gedanken aus, die einem im normalen Ablauf des Lebens nicht in den Sinn kommen. So selbstverständlich erscheint das Aufwachen am Morgen. Das Herz schlägt regelmäßig und jede Minute laufen tausende von Reaktionen in höchster Präzision ab.

Ich denke und entscheide, ich überlege und kommuniziere. Ich kann mein Leben planen und aus einer Fülle von Möglichkeiten auswählen, ich kann unternehmen, was mich anspricht. Ich kann Kontakte knüpfen zu Menschen, die ich mag, und ich kann von mir schieben, was mich nicht interessiert. Ich höre und erzähle Geschichten und behalte, was mir gefällt. Ich lese, was ich will, und schreibe, wem ich will. Ich esse, was mir schmeckt, und singe, was ich mag. Ich treffe meine Wahl aus der Fülle des Lebens.

Meine Wahlfreiheit ist nicht unbegrenzt. Die Regeln der Gesellschaft, in die ich geboren wurde, schränken mich ein, die Zeit, in der ich aufwachse, die Möglichkeiten, die mein Elternhaus bietet, das Land, in dem ich lebe, die Arbeit, die ich tue, die Menschen, die mich fordern. Und immer ist meine Wahlfreiheit davon abhängig, wie klaglos mein Körper funktioniert.

Eine ausgeheilte Verletzung ist eine sanfte Erinnerung. Eine Wunde, die niemals mehr ganz heilt, ist ein Wächter am Tor meiner Seele. Dieser Wächter trägt den Namen Dankbarkeit. Dankbarkeit ist der wirksamste Schutz, der stärkste Verband und die beste Salbe für unser Innerstes.

Ich danke für das Denken.
Ich danke für das Erinnern.

Ich danke für dein Gesicht, das ich kenne.
Ich danke für das Lied, dessen Refrain ich weiß.

Ich danke für die Stimme, deren Klang mir vertraut ist.
Ich danke für die Geschichte, die ich schon so oft gehört habe.

Ich danke für das Leben.

Und wenn meine Tage gezählt sind,
sei es mein letztes Wort:

Danke.

Der erste Kuss
Berührt sein

Es gibt tausend Formen von Küssen. Links-rechts-Begrüßungsküsschen, bei denen man meistens eigentlich die Luft küsst, Priester küssen den Altar, manche Fußballspieler hängen beim Betreten des Platzes nach dem Kreuzzeichen noch den Kuss auf den Ehering an. Es gibt gut dosierte Freundschaftsküsse auf Wangen oder sogar auf den Mund, durch die Luft oder per Post geschickte Küsse, unerwartete und lang ersehnte, normale und besondere. Lange hatte ich keine Ahnung, was ein Schmetterlingskuss ist, inzwischen weiß ich es: ein Berühren mit den Wimpern.

Von all den vielen Küssen bleiben den meisten Menschen zumindest zwei im Gedächtnis. Beim ersten Kuss unter Jugendlichen geht es fast nie um Liebe, sondern darum, „es" endlich einmal erlebt zu haben. Lissi, das Kirschblütenmädchen auf dem Faschingskränzchen, habe ich wohl deswegen geküsst, weil sie neben mir saß; danach habe ich sie nie wiedergesehen.

Der zweite Kuss, der mir in Erinnerung geblieben ist, war der erste Kuss mit der Frau, mit der ich verheiratet bin.

Wir fuhren per Autostopp von Linz nach Wien. Es war ein gewitterschwüler Abend und wir gingen in die Innenstadt zum Stephansdom. Wir suchten das berühmte Café Hawelka und hatten uns viel zu erzählen. Als wir zahlen wollten, sagte Frau Hawelka mit dem bestechenden Charme einer alten Wiener Wirtin: „Jetzt bleibt's doch noch da, es ist so gemütlich heute." Wir blieben.

Durch den Mund nehmen wir auf, was wir zum Leben brauchen, Essen und Trinken und die Luft zum Atmen. Durch den Mund gehen die Worte, die wir sprechen, das, was wir anderen mitteilen möchten, was wir denken und in Sprache ausdrücken.

Zu küssen bedeutet Verbindung aufzunehmen mit dem

Leben anderer, mit dem, was andere brauchen, hoffen und ausdrücken. Familienküsse sind Ausdruck der Solidarität und Zusammengehörigkeit in den grundlegenden Dingen des Lebens. Die Familie ist eine Gemeinschaft, die sich im Regelfall darum sorgt, dass alle genug zu essen und ausreichend Lebensraum haben, und in der die Familienmitglieder füreinander da sind. Auch das Teilen von Lebensträumen und gegenseitiges Unterstützen in Krisen sind Bestandteil dieses grundlegenden Miteinanders. Küsse der Liebe in einer Partnerschaft sind ein vertiefter, intensivierter Ausdruck dieser Zusammengehörigkeit.

Küsse können aber nicht nur Zusammengehörigkeit ausdrücken, sondern auch mit der bunten Vielfalt von Geben und Nehmen, Suchen und Finden, Ehrlichkeit und Lüge verbunden sein. Küsse können die ganze Bandbreite von Banalität, Gunst, Verrat, Demütigung, Arroganz, Zugehörigkeit, Wertschätzung, Freude, Leidenschaft und Glück umfassen.

Immer ist ein Kuss jedoch eine Begegnung zweier Lebenswege, ein Spüren des anderen, ein Augenblick des Nahekommens, ein Kontakt mit einem der unendlich vielen verschlungenen Wege, die alle Menschen über den Erdball ziehen.

graue Stadt
du bist so sanft heut

vor dem Dom
fallen riesengroße Regentropfen
in den warmen Abend

im dämmrigen Café
sagt die Wirtin: bleibt doch noch

in mein Liebeslied
legst du
deinen Mund

Hochzeit
Das Leben versprechen

Kein anderes Fest gleicht einer Hochzeit. Kein Tag ist so bestimmt von Freude und Feierlichkeit wie dieser. Kein anderer Tag drückt so stark das Fest einer Ankunft aus.

Lange hat das Suchen gedauert, lange habe ich gezögert, lange meinte ich, dass noch etwas fehlt. Aber dann war es durchgerungen, das Ja zu einem bestimmten Menschen. Irgendetwas in der Seele klang anders, tiefer, sicherer. Logische Argumente helfen bis zu einem bestimmten Punkt. Die letzte Entscheidung aber kommt aus diesem unergründlichen Reich im Inneren, den wir Intuition nennen.

Genau diese Frau berührt etwas Verborgenes in mir. Ich genieße ihre Art und sie genießt meine. Ich habe keine Angst vor ihren Schwächen und sie hat keine Angst vor den meinen. Wir fordern uns heraus, aber überfordern uns nicht.

Wie lange wird das so bleiben? Niemand weiß, was die Zukunft bringt, aber ich habe ein Bild gesehen, das mir am Anfang geholfen hat und mir immer wieder hilft. Ich glaube gesehen zu haben, wer sie ist, ich weiß um ihre Schönheit. Oft ist wie bei einer Knospe nur wenig zu sehen, aber dann entfaltet sich die Blüte und ich genieße ihren Glanz und ihren Duft.

„Ich weiß, wer du bist und sein kannst, und das ist wunderbar" – mit diesem Ruf treten alle in eine Liebesbeziehung ein. In uns liegt die Sehnsucht zu entfalten, was in uns steckt. Wir wollen die Gaben und Möglichkeiten, die in uns angelegt sind, hervorbringen können, und wir möchten unseren Charakter in einer Weise formen, dass wir mit uns und in uns zufrieden sind. Jeder Mensch wählt als Partner jemanden, der in dieser Entwicklung entscheidend mithelfen kann. Jemanden, der uns herausfordern kann, der einfach durch das, was er ist, die richtigen Fragen stellt und der uns an den richtigen Stellen infrage stellt. Sogar die Schwäche des anderen kann Teil dieser Hilfe sein. Liebe ist verbunden mit der Ahnung, dass mein Gegenüber etwas in meinem Leben zur Heilung, zur Ganzwerdung bringen kann und ich meinem Gegenüber ebenso dabei helfe.

Die Hochzeit stellt diese Gemeinschaft des Einander-gut-Tuns unter eine höhere Ordnung. Mit der Hochzeit wird die Partnerschaft zweier Menschen von Familie, Gesellschaft und spiritueller Gemeinschaft offiziell ins Licht gerückt, unterstützt, bekräftigt und gefeiert. Nach einem alten Begriff werden die Eheleute damit in einen anderen Stand gehoben. Alles Heben hat immer auch mit Tiefe zu tun. In der innigen Gemeinschaft einer Ehe erlauben die Partner einander, tiefer hinzuschauen, tiefere Wunden und Unsicherheiten zu berühren und auch dort zu suchen, ob Heilung möglich ist.

Das Kernstück der Hochzeit ist ein Versprechen, das es in dieser Form im Leben sonst nicht gibt. Vor Zeugen, vor Gott und der Welt nehmen zwei Menschen eindrückliche Worte in den Mund. In feierlichem Rahmen, mit festem Augenkontakt versprechen sie etwas, das Gewicht hat. Dabei gehen sie an die Grenzen dessen, was ein Mensch einem anderen Menschen überhaupt versprechen kann.

Das Eheversprechen ist die radikalste Willenserklärung meines Lebens. Höher geht es nicht. Auch in seiner Klarheit und Eindeutigkeit ist dieses Versprechen ein Hochfest des Lebens. Gute und schlechte Tage liegen vor uns und viele Fragen. Was heißt, einander zu ehren? Was heißt, einander gut zu tun?

Die Hochzeit ist wie der Wendepunkt in der Mitte eines Labyrinths. Jetzt gilt es, sich auf einen neuen Weg zu konzentrieren mit dem großen Vorsatz im Rücken: „Wir werden uns diesen Worten, die wir gesprochen haben, aussetzen, wir werden uns auf die Suche machen, wir werden ihre Bedeutung ergründen, wir werden sie mit Leben füllen und füllen lassen und nie aufhören zu hoffen, dass wir einander helfen können, das zu entfalten, was in uns steckt."

Ein über 90-jähriger Mann steht im Kreis um das Labyrinth. „Eine der wichtigsten Wendungen meines Lebens war die Hochzeit mit meiner Frau Elisabeth. Wir waren 62 Jahre verheiratet, bis sie vor vier Jahren gestorben ist. Wir haben alles durchlebt, was wir uns damals versprochen haben, und ich würde ihr heute alles wieder genauso versprechen. Nur den letzten Satz würde ich inzwischen weglassen, denn was mich betrifft, hat mich selbst der Tod nicht von meiner Frau geschieden, denn sie ist immer noch bei mir und begleitet meine Schritte."

Lieben heißt, immer neu am Besten festzuhalten, was sein könnte, und gleichzeitig sich daran zu freuen, was ist und bleibt.

Das rote Lied
Respekt vor den Tagen der Frau

Einen Tag davor hört das Leben auf, seinen gewohnten Gang zu gehen. Vorwürfe werden ausgesprochen, Enttäuschung wird laut und die Schwächen unseres Lebensentwurfes zeigen sich. Immer noch fühle ich mich angegriffen und verteidige mich. Emotionale Eskalation löst bei mir meist Unbehagen aus, deshalb versuche ich auch zu beruhigen.

Mehr und mehr kann ich diesen Tag schätzen, denn er bringt Dinge ans Licht, die sonst verborgen sind, und ihre Angriffe treffen nicht irgendwohin, sondern mitten in die Schmerzpunkte unseres Lebens. Manchmal spüre ich kurz meine Ungehaltenheit darüber, dass dieser Tag nicht so funktioniert wie immer, aber ich weiß auch, wie gut es tut, dass die eingeschliffenen Selbstverständlichkeiten angetastet werden und ich zumindest erahne, dass alles auch ganz anders sein könnte. Es hängt eine Spannung in der Luft, es gilt, vorsichtiger zu sein und dankbarer und wärmer. Es gilt, sich zu fragen, was Respekt ist, und ihn fleißig zu üben, denn er ist der Schlüssel für alles, was leben soll.

Frauen spüren den Kreislauf des Lebens anders als Männer. Jeden Monat bricht der Körper der Frau neu auf, sich auf Großes einzustellen. Jeden Monat wird der Entstehung neuen Lebens der Boden bereitet. Verborgen, aber konsequent werden alle Vorbereitungen getroffen, die nötig sind, um neuem Leben seine Chance zu geben. Wenn nichts passiert, wenn kein befruchtetes Ei sich in der Gebärmutterwand einnistet, wird zügig und gelassen die Vorbereitung abgebrochen; damit beginnt ein von Grund auf neuer Zyklus. Die damit verbundenen Erfahrungen sind in dieser direkten Erlebbarkeit den Frauen vorbehalten. Loslassen, und sei es noch so blutig, ist Teil einer starken und vollkommenen Lebenskraft.

Als Mann macht mir manchmal jedes Tröpfchen Blut

Angst und jedes Schmerzchen kann größte Besorgnis aus-
lösen. Ich bin im monatlichen Kreislauf des Lebens der Zuseher und Begleiter. Ich kann nicht so direkt erleben wie
Frauen, welche Kraft und welche notwendigen Stationen
mit dem Auf und Ab, dem Wachsen und Loslassen des Lebens verbunden sind.

Was ich für mich als Mann jedoch lernen möchte, ist die
Ermutigung zum Zyklus. Auch schwache Tage sind gute
Tage, nicht jede Stunde muss ich uneingeschränkt leis-
tungsfähig sein, es ist in Ordnung, sich zurückzuziehen,
auch ich darf empfindlich sein und muss nicht jede Emoti-
on zurückhalten, nur weil Nüchternheit weniger offene
Gegenkraft auslöst als Gefühle.

Ein rotes Gedicht für meine Frau

Willkommen sei dieser Tag.
Willkommen sei mein Körper.
Er kündigt an das Fest des Lebens.
Ich werde verwandelt.
Meine Haut wird dünn.
Meine Seele durchlässig.
Ich lasse die Kraft los, die Leben schafft.
Ich werde mich in meinen Kokon spinnen
und warten.

Aber nicht lange.

Ich weiß, dass neue Kräfte gesammelt werden.
Ich weiß, dass Neues geformt wird.
Ich weiß, dass ich Flügel haben werde.
Willkommen seien die Tage des Aufbruchs.
Willkommen der Wandel des Lebens.

Musik
Breite deine Schwingen aus

Bereits nach dem ersten Takt des Konzertes von U2 auf der Donauinsel in Wien sprang der Funke über. Im letzten Abendrot eines warmen Sommertages fiel die Musik in unser Herz wie ein Geschenk.

Manche Melodien, Rhythmen, Klänge oder die Art einer Stimme können uns seltsam berühren. Musik kann wie eine Umarmung sein, eine starke Hand, ein Zuruf, eine Geste der Ermutigung oder ein Kuss der Liebe. Wie ein zusätzlicher Körper, ein geheimer Garten, ein verdeckter Korb ist etwas in uns verwoben, das weiß, was Musik ist, und unmittelbar darauf reagiert.

Manche Stücke sind kostbare Schätze, manche Lieder habe ich hundertmal gesungen und nie habe ich aufgehört, neue Musik zu entdecken, die wieder diesen Zauber zu vollbringen vermag und mich einhüllt in das Wunder des Klangs.

Musik ist keine Wende des Lebens, oft aber ein direkter Begleiter. Manche Wendungen sind mit ganz bestimmten Musikstücken verbunden. Ich weiß noch genau, welche Biegung vor mir lag, als Chopins Ballade in g-Moll erklungen ist, oder wie Tina Turner uns mitten in den Umzugskisten zum ersten Tanz in der neuen Wohnung aufspielte.

Ich erinnere mich genau daran, wie ich in England im Haus eines Freundes die Manuskripte für mein erstes Buch über das Labyrinth ordnete und wie ich zuerst beiläufig, dann gebannt und dann gleich dreimal hintereinander das Video „Riverdance" sah. Ich kann nicht sagen, wie viel von der Energie dieses Stückes in meine eigenen Arbeiten geflossen ist, aber ich weiß, wie sehr mich diese Musik beflügelt hat.

Musik ist Teil vieler Wendungen, Begleitung in den weiten schwungvollen Bögen des Lebens und manchmal auch „Gipfelmusik" – Umrahmung für den letzten Schritt

in eine Mitte. Anton Bruckners Tedeum war für mich einmal solche „Gipfelmusik".

Wenn nichts mehr geht, aber auch wenn alles seinen
Gang geht, wenn sich eine Veränderung ankündigt, wenn
die Wende mich in die Knie zwingt, aber auch wenn ich
wieder auftauche, ist Musik eine Gabe des Himmels, die
uns versichert, dass wir nicht alleine sind.

Als damals U2 das dritte Lied anstimmte, nahm ich
meine Frau auf die Schultern. Langsam begannen die ersten Sterne in der letzten Dämmerung aufzufunkeln und
Bono sang: „We are one, but we're not the same. We get to
carry each other."

Ich dachte an mein zwei Monate altes Kind im Bauch
meiner schwangeren Frau und daran, dass es heute hier
bei seinem ersten Konzert war.

„Wir sind eins und doch verschieden. Ich werde euch
tragen, so gut ich kann", sang mein Herz mit.

One love
One blood
One life
You got to do what you should
One life
With each other
Sisters
Brothers
One life
But we're not the same
We get to
Carry each other
Carry each other

Bono, U2

Das eigene Kind
Willkommen auf der Erde

Bei der Geburt meiner Tochter bewunderte ich meine Frau zutiefst. Ich war Beobachter eines bis ans Äußerste reichenden Kampfes um das Leben. Als Zuseher konnte ich nur erahnen, wie anspruchsvoll der Weg der Geburt ist, wie viel er an Kraft, Schmerz und letzter Energie kostet.

Als das Kind auf dem Bauch der Mutter lag, reichte mir die Hebamme völlig überraschend die Schere und sagte: „Es ist die Aufgabe des Vaters, dem Kind zu helfen, sich von der Mutter zu lösen und die Welt zu erobern. Das Durchschneiden der Nabelschnur ist der erste Schritt dazu." Dieser Satz begleitet mich seither und oft denke ich darüber nach, welche meiner Aufgaben als Vater zu diesem Schnitt dazugehören.

Ich möchte meinem Kind Vertrauen schenken, vom ersten Tag an. Vertrauen in die Kraft, die in ihm steckt. Natürlich braucht es auch meinen Schutz vor dem, was es noch nicht einschätzen kann. So werde ich an jeder Straße aufpassen und es an meine Hand nehmen. Aber ich möchte auch versuchen, den richtigen Zeitpunkt herauszufinden, ab dem mein Kind das nicht mehr braucht, und meine Reglementierungen nur einengen statt schützen. Ich werde es auch eine Weile dazu anhalten, ein Instrument zu erlernen; wenn es ein Teenager ist, werde ich ihm die Entscheidung ganz selbst überlassen.

Ich möchte meinem Kind die Welt zeigen und ihm helfen, sie zu verstehen. Ich möchte es hinführen zu Orten, an denen die Schönheit der Erde, die Kraft der Kultur, aber auch das Tragische des Menschseins in besonderer Weise spürbar ist. Ich möchte erzählen, was ich weiß und erfahren habe.

Reisen nach Wien und Berlin, nach Mauthausen, nach Jerusalem und Chartres sind fest eingeplant, ebenso ein dreitausender Alpengipfel, eine Höhlentour, eine Flussfahrt auf dem Inn und eine vierzehntägige Fußwanderung.

Ich möchte meiner Tochter mitgeben, dass sie keine Angst zu haben braucht da draußen in der Welt, aber auch, dass es Situationen gibt, in denen sie besser mit großem Respekt und Vorsicht handelt und sich keine Gedankenlosigkeit erlauben sollte. Sie muss wissen, dass die Welt der Nacht um 10 Uhr abends eine andere ist als um 3 Uhr morgens. Sie muss wissen, dass im freien Skiraum Nordhänge deutlich lawinengefährlicher sind als Südhänge und Triebschnee besonders tückisch sein kann. Und sie soll auch wissen, dass ich jedes Taxi bezahle oder sie auch abhole, wo immer Alkohol und PS gemeinsam im Spiel sind.

Ich möchte meinem Kind den Rücken stärken. Offen und heimlich Mittel bereitstellen für den Zeitpunkt, wenn es flügge wird. Ich möchte es ermutigen, von zu Hause abzuhauen, Nächte durchzumachen, verrückt zu sein und Abenteuer zu bestehen. Wenn es soweit ist, werde ich die Stirne runzeln, innerlich lächeln, die Mutter beruhigen und zugleich vermutlich selbst voller Unruhe auf das Geräusch der Türklinke warten.

Ich möchte meiner Tochter den Mut mitgeben, sich zu lösen und aus dem Rückhalt der Familie hinaus in die Welt zu gehen und sich ihr eigenes Glück zu suchen, voll Vertrauen und voll Freude an der Fülle, die es zu entdecken gilt.

Als Vater will ich meine Aufgabe ernst nehmen, zu der mich damals die Hebamme herausgefordert hat.

Alles Leben auf Erden ist gekennzeichnet von der Abfolge der Generationen. Aus der Vergangenheit gehen wir in die Zukunft. Von unseren Eltern nehmen wir und geben es an die Kinder weiter. In diesem Weitergeben liegt eine Freiheit, etwas zu verändern, Neues einzubauen, Altes wegzulassen. Diese Freiheit unterliegt Grenzen, weil vieles so tief in uns eingeschrieben ist, dass wir es genauso an unsere Kinder weitergeben, wie wir es von den eigenen Eltern erhalten haben. Aber diese Grenzen sind durchlässig und jede Zeit und jedes Leben eröffnet neue Möglichkeiten und Chancen.

Aber auch die neuen Chancen stoßen an neue Grenzen. Manches können wir nicht mehr so gut, wie es unsere Eltern konnten. Neue gesellschaftliche Möglichkeiten schaffen neue Begrenztheiten. Wenn beide Elternteile berufstätig sind, bleibt weniger gemeinsame Zeit mit den Kindern. Jede Errungenschaft hat ihren Preis, der beglichen werden muss. Höherer Energieverbrauch belastet die Umwelt, drahtlose Kommunikation bedeutet Strahlung, mehr Geld heißt weniger Zeit, mehr Bilder reduzieren die Fantasie, mehr Geschäftigkeit bedeutet weniger Begegnung.

Um das Gute zu ringen, die Kosten abzuschätzen und das Schlechte zu vermeiden, das ist die beständige Aufgabe jeder Generation, unter welchen Rahmenbedingungen sie auch aufwächst. Der Versuch, den Kindern das Beste zu geben, endet für Eltern nie, selbst wenn die Kinder schon groß und längst erwachsen sind.

Alle Eltern kommen um eine Tatsache nicht herum, wie sehr sie sich auch bemühen: Alle bleiben den Kindern etwas schuldig, weil sie die Liebe, die Kinder erwarten dürfen, niemals vollkommen geben können. Aber weil das grundsätzlich so ist, besteht die Herausforderung auch darin, nicht so sehr die Versäumnisse zu beklagen, sondern zu sehen und sich an dem zu freuen, was möglich war und ist. Fast immer ist es mehr, als es auf den ersten Blick scheint.

Eltern wünschen sich für ihre Kinder vor allem zweierlei: Erstens sollen sie möglichst viel Gutes erfahren und zweitens soll sich das weniger Gute kaum auswirken oder wirkungslos bleiben. Dieser Wunsch gilt auch für das, was sie selbst ihren Kindern geben oder schuldig bleiben. Tröstlich und ermutigend lautet dazu ein altes Wort der Weisheit: „Ein Fluch reicht über drei, ein Segen über tausend Generationen."

Wunsch und Segen für einen neugeborenen Erdenbürger

Es ist soweit.
Dein Weg hat begonnen.
Die Zeit ist gekommen, hineinzufallen in unsere eigenartige
Welt.
Als du den ersten Atemzug getan hast, als die Hülle der Erde
in dich drang, wusstest du:
Du und die Erde gehören zusammen, du lebst von ihr, sie wird
dich tragen. Du und die Mutter, die bisher dein Universum
war, sind nur ein Teil vom Ganzen.
Viel wartet auf dich, das Leben ist nie geizig. Verschwenderisch
wird es dich überschütten. Du wirst dieser Welt ausgeliefert,
aber die Welt wird sich auch dir ausliefern. Alles wartet auf dich:
Wärme und Glück, Sehnsucht und Ohnmacht, Abenteuer und
Sinnlosigkeit, Geheimnis und Auftrag, Gefahr und Wahnsinn.
Du wirst dich oft fragen, warum es so schwer ist, eine
Schwester, ein Bruder zu sein, eine Freundin, ein Freund, ein
Teil, da doch jeder ahnt, ja weiß, dass es das ist, was zählt.
Du wirst wie alle anderen auch manches versäumen, manche
verwunden, verletzten und dabei immer auch dich selbst
treffen. Und du wirst wie viele andere auch die weiten,
bequemen Wege mitgehen, auch wenn dir nie verschwiegen
wird, dass sie in trostlosen Wüsten enden.
Nichts wünsche ich dir mehr, als dass du auch entdeckst, dass es
andere Wege gibt, geheimnisvollere, bescheidenere Pfade, die dich
zurückführen in das Wissen der Schwestern- und Bruderschaft
mit jedem Teil dieser Erde. Sie lassen dich die Liebe erahnen, die
alles umhüllt und durchdringt. Sie lassen dich ahnen, dass keine
Zerstörung bleiben wird. Und wenn du einmal erkennst, dass
auch der Tod ein Freund ist, wirst du wissen, dass dein kleines
Leben getragen wird vom ganzen Universum.
Du bist von Anbeginn der Welt herbeigesehnt, von dem, der
dich hinter allen Enden erwartet. Wenn du ihm begegnest,
wirst du staunen, wie gut du ihn immer schon kanntest.
Es ist soweit.
Dein Weg hat begonnen.

Der erste Satz
Der Ruf des Lebens lautet: Ja

Hannahs erstes Wort war nicht Mama oder Papa, sondern ein einfaches und deutliches Ja.

Ja ist das vielleicht schönste und kräftigste Wort unserer Sprache. Es strömt mit viel Atem aus unserem Inneren und bedeutet immer den Anfang für einen Weg oder eine Geschichte. Auf das Ja kann eine kleine Geste folgen oder ein großes Abenteuer.

Meine Frau sagt immer: Unser erstes Kind ist das Ja zur Liebe, das zweite das Ja zum Leben. Diese beiden Jas sind die beiden Säulen unseres Hierseins. Diese beiden Jas versuchen wir immer wieder zu sagen und uns bewusst zu machen. Wir wollen die offene und positive Energie dieses kleinen Wortes in jede unserer Lebensfasern strömen lassen. Lange Zeit habe ich meine Tagebücher so genannt: Ja I, Ja II, Ja III usw. Ja ist das einzige Wort, das ich je in einen Stein gemeißelt habe. Ja ist das Wort, mit dem ich aufstehe und mit dem ich auch den Tag beschließe. Jedes Gebet schließe ich mit dem Wort Ja, denn Amen heißt eigentlich nichts anderes als Ja.

Ja war das erste Wort meiner Tochter. Auch ihr erster Satz hat etwas mit Atmen und dem Umarmen des Lebens und der Liebe zu tun. Wir waren auf einer Reise mit dem Wohnwagen in England. Hannah war fast zwei Jahre alt und eine aufgeweckte Reisegefährtin. Wir campierten in Folkestone. Weil es schon später Herbst war, waren wir fast die Einzigen auf dem Campingplatz und konnten uns den besten Standplatz aussuchen. Er lag leicht erhöht mit Blick auf das Meer. Rechts waren im Mondlicht die weißen Kreidefelsen zu sehen, die sich wie ein Bühnenvorhang hinter dem Wasser erhoben. Ich hatte Hannah auf dem Arm, wir genossen die Stimmung dieser Nacht und betrachteten den Himmel, den Mond und die Landschaft. „Zeit fürs Bett", sagte ich und wollte losgehen, als Hannah sich ein wenig zur Seite drehte, ihre kleinen Arme in den Himmel streckte und den ersten Satz ihres Lebens sagte: „Hannah Mond Bussi geben."

Bis heute fasziniert mich, wie in diesem erstaunlichen Kindersatz die Freude am Leben und die Liebe zu allem zusammengefasst sind. Geliebtes Leben und gelebte Liebe, darum dreht sich unser ganzes Sein.

Ja, warum nicht
Ja, gerne
Ja, sicher
Ja, ich will
Verdammt noch mal, ja
Ja
Ja
Ja

Verweigerung
Das Flüstern der Kinder hören

Nachdem ich mit ziemlicher Anstrengung und dank der wohlwollenden Gnädigkeit mancher Lehrer meine Gymnasialzeit beendet hatte, fasste ich einen Entschluss: Niemals wird mich die Schule wiedersehen!

Ich begann zu studieren, aber gegen Ende der Studienzeit bemerkte ich, dass ich am liebsten doch ein Lehrer sein wollte. Ich studierte Biologie und wechselte in den Studienzweig für das Lehramt.

Bald betrat ich das erste Mal wieder eine Klasse. Es war ein seltsames Gefühl, auf einmal auf der anderen Seite zu stehen. Wie gut konnte ich all jene verstehen, die an der Schule leiden. Ich wusste, warum manche unbedingt in der Reihe am Fenster sitzen wollten wie ich damals: wenigstens mit einem Blick ins Freie sich entziehen können. Ich kannte die Mienen, die Ausreden, das Zittern. Nun war ich es, der Plus und Minus vergab und Testfragen und den Bewertungsschlüssel ausarbeitete. Irgendwann fragte ich mich: Was machst du da eigentlich?

Ich arbeitete in guten Schulen mit vielen engagierten und netten Kolleginnen und Kollegen, aber das ganze System der Kontrolle und des Drucks, der Benotung und Aburteilung, des Belehrens und Beschämens ließ beständig die Frage in mir kreisen, ob das System wirklich so sein muss, ob es nur so funktioniert oder ob es auch ganz andere Möglichkeiten gibt. Nie habe ich das übliche Argument verstanden, dass es im Leben ebenso zugeht und die Kinder darauf vorbereitet werden müssen. Weder in meinem Leben noch in meinen Berufen geht es so zu wie in der Schule.

Als meine Tochter drei Jahre alt wurde, war mir plötzlich in aller Deutlichkeit klar, dass ich sie nicht widerstandslos durch dieses Schulsystem würde schleusen lassen. Meine Frau hatte sich ebenfalls auf die Suche gemacht und war auf die Montessoripädagogik gestoßen. Bald waren wir uns sicher, dass diese Art des Lernens der Weg für unsere Tochter werden würde. Nachdem wir keinen Platz im einzigen Montessorikindergarten der Stadt bekamen, beschlossen wir, selbst einen Kindergarten zu gründen. Freunde stießen dazu und wir luden eine Familie, die schon Erfahrung in Montessoripädagogik gesammelt hatte, ein, den Weg mit uns zu gehen.

Meine Tochter hat in dieser Montessorieinrichtung die Kindergartenzeit und die Schulzeit bis zum Realschulabschluss verbracht. Um das Abitur zu machen, besucht sie nun wieder ein „normales" Gymnasium und ich bin froh, dass sie Grundlagen hat, die ihr Inneres längst geprägt und gestärkt haben, sodass sie sich in der neuen Schule gut zurechtfindet.

Was sollen Kinder können, wenn sie die Schule verlassen, was sollen sie gelernt haben, was wünsche ich ihnen für ihr Leben?

Ich wünsche ihnen ein gut geschultes Gewissen. Deshalb soll Schule ihre Eigenständigkeit fördern und ihre Selbstverantwortung herausfordern.

Ich wünsche ihnen gelingende Gemeinschaften. Deshalb soll Schule die Grundregeln des Miteinanders vorgeben, pflegen und den Prozess gestalten, durch den die notwendigen Rahmenbedingungen für gelingendes Leben zur eigenen inneren Überzeugung werden können.

Ich wünsche ihnen Mut. Deshalb soll Schule zu Fehlern ermutigen und nicht mit dem Zählen von Fehlern urteilen. Schule soll Kinder nicht dazu erziehen, jedes Risiko zu minimieren. Aus vielen Fehlern kann man viel lernen.

Ich wünsche ihnen einen beweglichen Geist. Deshalb soll Schule, wo immer es geht, innerhalb und außerhalb der Klasse Bewegung ermöglichen. In unserer schnell sich verändernden Welt soll Schule zur Beweglichkeit erziehen.

Ich wünsche ihnen, dass ihre Neugier Nahrung bekommt. Wie viel in unserer Welt erschließt sich erst, wenn man informiert ist. Und mit jeder Erkenntnis öffnet sich eine neue Quelle des Staunens. Deshalb soll Schule mit der Neugier der Schüler spielen, auf den Wissenshunger eingehen und dort Nahrung geben, wo die Neugier geweckt ist. Schule soll nichts anderes sein als ein Abenteuer, eine Reise in die faszinierende Welt des Wissens.

Ich wünsche ihnen die Entdeckung der Schönheit der Sprache. Ich wünsche ihnen die Erkenntnis, dass die Vielfalt der Sprachen die Vielfalt der Lebensgefühle ausdrückt und eine Übersetzung nie ganz dasselbe wiedergibt.

Ich wünsche ihnen die Fähigkeit zur Kommunikation. Deshalb soll Schule Gespräche untereinander und jede Form der Teamarbeit fördern.

Ich wünsche ihnen, dass sie Ja sagen können, wenn sie Ja meinen, und Nein, wenn sie unsicher sind oder etwas nicht wollen. Deshalb muss Schule Kindern mit Respekt begegnen, auf jede Form der Beschämung verzichten, ihre Bedürfnisse achten und ihrem Werden vertrauen.

Die Schule ist nicht Vorbereitung auf das Leben, sondern Teil des Lebens. Das Leben bleibt eine Schule und nie endet das Lernen. Was wir lernen, geben wir weiter.

Wenn wir Respekt weitergeben, bekommen wir ihn zurück; wenn wir aburteilen, werden wir abgeurteilt; wenn wir kommunizieren, wird mit uns gesprochen; wenn wir zuhören, wird unsere Meinung gehört.

Leben und Lernen richten sind nach der goldenen Regel: Handle so, wie du behandelt werden möchtest. Gib, was du haben willst; sprich, was du hören möchtest; und lehre so, wie du dir selbst zu lernen wünschst.

Ein guter Lehrer kann hören, was ein Schüler zu ihm sagt. Ein großer Lehrer versteht sogar dessen Flüstern. Ein hervorragender Lehrer ist nicht der, der einen Schüler dazu erzieht, eine gute Leistung zu erbringen, sondern jener, der einen Schüler dazu bewegt, dies zu wollen.

NACH MONTY ROBERTS

Der Kairos
Das Anhalten der Zeit

Lange war mir der Begriff „Kairos" fremd, inzwischen kenne ich die Bedeutung. Chronos ist die ablaufende Zeit, Kairos der stillstehende Augenblick.

Ereignet sich der Kairos, dann öffnet sich ein Moment, in dem etwas auf wunderbare Weise deutlich wird und zusammentrifft und aus dem etwas Neues entsteht. Es ist, als ob plötzlich in großer Kraft etwas da ist, als ob eine Tür zu einem neuen Weg aufgestoßen wird, den man bisher nur erahnt, aber nicht gekannt hat. Kairos ist der Windhauch des Geistes. Es ist, als ob ein Engel den Raum durchschreitet, kurz innehält und zwei Worte spricht: „du" und „jetzt".

Einmal ereignete sich dieser Kairos in einem Wohnzimmer in St. Johann in Tirol. Die Vorgeschichte begann mit einer Postkarte: „Mein Sohn ist mit seiner Frau und den drei Kindern nach Tirol gezogen. Ihr solltet sie einmal besuchen." Wir waren dieser Familie vorher nur einmal kurz begegnet. Wir kannten uns kaum und nun saßen wir um einen wackeligen Kieferntisch beim Kaffee. Wir sprachen über Kinder, Schule, Pädagogik und gemeinschaftliches Leben. Da trat der Engel in den Raum und sagte: „Ihr!"

Es geschah mit einer solchen Wucht, dass keiner von uns zögerte. Alle Bedenken waren präsent und wurden verworfen. Das Tor stand offen; wir wussten, dass wir den Weg gehen und gemeinsam eine neue Schule gründen würden.

Weitere Freunde kamen dazu. Der Weg führte jeden von uns an Grenzen, in deren Nähe wir ohne den Atem des Kairos niemals gegangen wären. Drei Monate nach der ersten Begegnung waren alle Rahmenbedingungen bereit. Fünf Monate später wurde das „Montessori-Haus der Kinder" für zunächst zwölf Kinder eröffnet. Zehn Jahre später ist die Einrichtung zu einem Ort des Lebens und Lernens für über 100 Kinder geworden und immer noch ist uns dieser Augenblick in diesem Wohnzimmer präsent, als der Kairos kam.

Meistens verläuft das Leben in geordneten Bahnen. Jeder Tag hat im Großen und Ganzen seinen Rahmen, in dem wir uns bewegen. Unser Lebensort ist durch das Elternhaus vorbestimmt, später wird er durch die Wahl der Ausbildung und die Berufswahl festgelegt. Der Tages-, Wochen- und Jahresablauf gibt durch seinen Rhythmus einen groben Rahmen, in dem sich das Leben bewegt. Vernünftiges, wirtschaftliches und verantwortliches Handeln sind übliche Leitlinien.

Immer wieder, besonders in der Jugend, stellt sich jedoch der Impuls ein, aus der gegebenen Ordnung auszubrechen und etwas Verrücktes zu tun. Einmal bin ich mit einem Freund für einen Nachmittag zum Angeln nach Schweden gefahren und ein andermal setzten wir uns bei einem Jugendlager auf einem Berg über alle Regeln der Vernunft – und der Finanzplanung sowieso – hinweg und ließen uns von einem Hubschrauber das Gepäck, inklusive Diskoanlage, auf die Hütte fliegen.

Wenn es um mehr geht als solche Aktionen, wenn wir unsere Berufsplanung und unseren Lebensentwurf ändern und dafür unsere ganze Arbeitskraft und unseren ganzen Idealismus in die Waagschale werfen, dann braucht es den Kairos. Wenn ich den Mut finden soll, aus den vorgezeichneten Linien des Lebens auszuscheren, wenn ich den Weg verlasse und in den Wald trete, dann muss ich ahnen, spüren und letztlich auf eine ganz eigene Art wissen, dass etwas Größeres als das eigene sorgsam gehütete Ich mich ruft.

Ohne diesen göttlichen Funken siegt die Vernunft und mein Weg verläuft in den abgesicherten Bahnen. Aber wenn meine Gedanken und Visionen Reisig und Späne gesammelt haben, wenn ich anderen Menschen begegne, die das Gleiche träumen, und dann der Funke überspringt, dann beginnt ein helles und wärmendes Feuer zu lodern, dann ebnen sich neue Wege in der Landschaft des Lebens.

Denken, Ahnen, Wollen und Können sind immer ein Geflecht aus vielen Fäden. Nichts lässt sich wirklich ausschließlich zuordnen oder herleiten. Was von außen kommt oder von innen, was eine unabänderliche Folge oder eine frei entschiedene Gewolltheit ist, lässt sich nicht endgültig beantworten. Manchmal scheint für Sekundenbruchteile alles klar zu sein, um im nächsten Augenblick wieder in einem Nebel zu versinken. Der Kairos ist ein Riss in diesem Nebel, durch den ein Bild offenbar wird, an dem man sich festhalten kann. Nicht immer spricht gleich ein Engel, nicht immer muss man gleich alles in die Waagschale werfen. Wir bewegen unsere Gedanken, „kauen" sie, überschlafen und wenden uns ihnen von neuem zu, bis der Tag für die Entscheidung reif ist.

Manche Neuanfänge sind spektakulär, in anderen Situationen bleibt unser Gemüt still und unaufgeregt, wenn der Kairos die Zeit anhält und im Inneren eine Gewissheit aufscheint und etwas klar geworden ist, was bisher nicht greifbar war.

Eine neue Idee ist wie ein Feuer.
Ein Feuer braucht Reisig, Holz und den Funken.
Das Reisig ist meine innere Bereitschaft.
Das Holz ist das gesammelte Wissen und der Einsatz der Möglichkeiten.
Der Funke ist das Wirken des göttlichen Geistes.

Wenn das Feuer brennt, verzehrt es Mittel und Arbeitskraft.
Es spendet Licht und Wärme
und läutert die Seelen derer, in die der Funke gefallen ist.

Der kleine Zettel in meinem Fach
Tanze dein Leben

Maria erzählt: Eine wichtige Wendung in meinem Leben begann mit einem kleinen Zettel in meinem Fach im Konferenzzimmer meiner Schule. Darauf stand die Einladung: „Tanze dein Leben – einfache Kreistänze in einer Frauenrunde." Ich war nie in einem Tanzkurs, daher konnte ich nicht gut tanzen, aber immer schon hatte ich große Lust verspürt, es zu lernen. Vielleicht war das meine Chance, jedenfalls beschloss ich, die Einladung anzunehmen. Das Tanzen gefiel mir nicht nur, sondern machte mir so große Freude, dass ich in Folge die Ausbildung zur Tanzleiterin und Tanztherapeutin gemacht habe. Der Tanz ist zum wichtigsten Teil meines beruflichen Lebens geworden und er hat mit mir etwas gemacht, für das ich unendlich dankbar bin. Er hat in mir die Gewissheit eingepflanzt, dass man das Leben tanzen kann. Dieser kleine Zettel in meinem Fach im Konferenzzimmer meiner Schule war der Auslöser und mein Leben hat sich von Grund auf verändert.

Wie einfach Tanzen doch sein kann. Es beginnt mit bewusstem Gehen, mit Schreiten, mit wiegenden Schritten, mit dem Pilgerschritt, die Schritte vor und zurück wechseln sich ab. Dann kommen die ruhigen Bewegungen des Kreises, das angenehme Miteinander, das gemeinsame Einschwingen, das Vor und Zurück, zur Mitte und wieder nach außen. Mich hat bei den Kreistänzen immer auch fasziniert, wie rasch mir die Musik vertraut war. Die irische ebenso wie die griechische, überraschenderweise klingt alles nach Heimat. Musik löst willkürlich gezogene Landesgrenzen einfach auf.

Viele Tänze erlebe ich auf drei unterschiedliche Weisen. Zuerst konzentriere ich mich auf die richtigen Schritte. Da die meisten Tänze sehr einfach sind, beherrsche ich die Schritte nach zwei-, dreimaligem Üben bereits ganz gut. Irgendwann kommt dann der Punkt, an dem ich meine Kon-

64

zentration, mein Nachdenken auszuschalten beginne. Oft stolpere ich in diesem Augenblick. Also kehre ich zurück in die bewusste Konzentration. Das wiederholt sich meist ein paar Mal: Abschalten – Stolpern – Einschalten. Aber dann geschieht oft etwas, das ich wie ein Wunder erlebe. Irgendwann stolpere ich nicht mehr, selbst wenn ich mich nicht bewusst auf die Schritte konzentriere. Irgendwann stolpert niemand mehr und ich spüre, dass nicht ich tanze, sondern dass ich Teil eines größeren Organismus bin, der tanzt. Alles wird auf einmal unendlich leicht, Musik und Bewegung, ich und die anderen, mein Herz und die Füße, alles wird eins und beginnt zu schweben.

In diesem Augenblick stimmt auf einmal alles, alles ist stimmig. Da ist kein Suchen mehr, sondern ich habe gefunden. Da ist kein „dies noch" und „jenes noch", sondern ein Fließen, als wäre ich ein Boot oder gar Teil des Wassers in einem Fluss. Diese Augenblicke ereignen sich und enden, sie lassen sich nicht erzwingen und werden auch nicht von allen Menschen gleichermaßen wahrgenommen.

Es heißt, dass man einen Fluss weder anhalten noch anschieben kann. Dennoch besteht vieles im Leben in dem Versuch, das eine oder andere zu tun. Immer wieder aber laden Augenblicke in unserem Leben uns ein, unser Boot mitten in einen Fluss zu setzen. Die Ruder dienen dann nicht mehr dazu, sich für ein bestimmtes Ziel in die Riemen zu legen, sondern nur dazu, das Boot in der Strömung zu halten.

Das Leben lädt zum Tanzen ein.
Es liegt eine Aufforderung in der Luft, über das Mühsame und Ruckartige hinwegzusehen, das Kopfzerbrechen sein zu lassen und dem nicht Erreichbaren nicht länger hinterherzulaufen. Gerade unter und über allem Nichtgelingen, Versäumen, Enttäuschen, Versagen, Hoffen und Weinen taucht immer wieder eine gute Hand auf, ein leuchtendes Gesicht, eine milde Wärme, ein ruhiger Strom, eine große Melodie und eine leise Stimme, die sagt: „Darf ich bitten?"

Pilgern nach Chartres
Der große Gesang aus Stein

Als Hannah zehn Jahre alt war, beschlossen wir, zu Fuß von Paris nach Chartres zu gehen. Der Weg ist etwa 80 Kilometer lang. Ein ungewöhnlicher Plan und Familie und Freunde machten sich ihre Gedanken. Schafft ein Kind das? Wie viel kann es tragen? Welche Schuhe und welche Kleidung braucht man für einen so langen Weg? Letztlich war alles viel einfacher, als wir dachten. Selbstverständlich kann ein Kind 25 Kilometer am Tag gehen und ein Siebtel seines Eigengewichts an Gepäck tragen wie Erwachsene auch. Und mitnehmen muss man schließlich wirklich nur das Allernötigste.

Der Aufbruch zu einer Pilgerfahrt von der Kathedrale Notre Dame in Paris aus stimmte uns fröhlich und beschwingt. Mitten im Gewühl des Stadtverkehrs hatten wir unsere eigene Reise begonnen. Wir bogen in die schmale Rue St. Jacques ein, auf der schon Tausende vor uns aus der Stadt hinausgezogen sind. Den ganzen Vormittag wanderten wir durch Straßen und Alleen, Parks und die Gassen der Vororte.

Ganz anders die Etappe von Rambouillet nach Maintainon. Felder und Wälder wechselten einander ab und die Herberge am Abend hatte den unvergleichlichen Charme französischer Freude am Essen. Am nächsten Tag begleiteten uns ein Fluss, die heiße Sommersonne und die innere Begeisterung und Vorfreude einer Zehnjährigen. Schließlich erhob sich das Ziel, die Türme der Kathedrale, hinter den Kornfeldern. Über eine lange Treppe stiegen wir auf den Hügel und dann stand sie vor uns, die Kathedrale von Chartres, eines der schönsten Bauwerke der Welt.

Die Figuren an den Säulen und der bunte Troubadour Loro, der im Schatten auf dem Vorplatz sitzt, begrüßten uns. Wir bestaunten die aus dem Stein herausgebildeten Figuren und Ornamente. Fast alle Figuren dieses Baus strahlen eine eigene Wärme und Freundlichkeit aus. Der segnende Christus über dem Hauptportal ist wie ein tragender Angelpunkt für alle Kommenden und Gehenden.

Am ersten Tag blieben wir vor den Türen stehen und traten noch nicht ins Innere. Wir waren müde und hungrig und wollten die Schwellen frisch und ausgeruht überschreiten.

Am nächsten Morgen begrüßen wir Sara, Abraham und Hagar, die am Eingang stehen, Maria über uns hält ihr Ohr, um den Engel besser zu hören, und im Augenwinkel scheint es, als habe Christus soeben erst die Hand zum Segen erhoben. Hinter dem großen Holztor umfängt uns Dämmerlicht. Allmählich gewöhnen sich unsere Augen an die Dämmerung und das Innere der Kathedrale wird sichtbar. Durch tausend blaue, rote, gelbe und grüne Fensterscheiben dringt das Licht und scheint sich in einen goldgelben Glanz zu verwandeln. Die Birnen in den elektrischen Lampen wirken wie Fremdkörper.

Da liegt das Labyrinth vor uns, sechs Kerzen stehen noch darauf von einer Gruppe, die bereits früh am Morgen hier war. Wir gehen die Bahnen des Labyrinths zur Mitte, erfüllt von Dankbarkeit über unser Leben. Noch sind kaum Besucher da und wir bleiben lange gemeinsam in der Mitte des Labyrinths stehen, ehe wir weiter im Kirchenschiff nach vorne gehen.

Die großen Rosetten sind von ausnehmender Schönheit. Lange sitzen wir in den Bänken darunter und gleiten mit den Augen die einzelnen Bilder entlang. Das Fenster der blauen Madonna mit ihrem minimal angedeuteten Lächeln verführt immer wieder neu dazu, mitzulächeln. Ich blicke auf die Hände der Maria. Mit einer Hand hält sie Jesus, mit der anderen schiebt sie ihn von sich. „Das heißt Mutter sein, Eltern sein, die Kinder mit einer Hand zu halten und sie mit der anderen in die Welt zu schieben", sage ich zu meiner Frau.

Noch zweimal begegnet uns dieser besondere Hauch von Lächeln: im Gesicht der schwarzen Madonna auf der anderen Seite des Kirchenschiffes und unten in der Krypta auf dem verblassten Wandbild aus uralter Zeit.

Diese gemeinsame Reise zur Kathedrale von Chartres war ein außergewöhnliches Erlebnis, von dem wir noch immer zehren und gerne erzählen. Es war für uns keine Wendung, sondern vielmehr ein lang gezogener Schwung in einem der Bögen des Weges. Solche Reisen sind für uns als Ehepaar und Familie kostbar.

Überall auf der Welt gibt es ganz besondere Orte. Orte, die berühren und faszinieren. Orte, an denen man die Verbindung mit der Geschichte, mit den Träumen und Idealen anderer Menschen spürt und an denen man von dieser Energie aufnehmen kann. Orte, die herausnehmen aus den eigenen vier Wänden, den Horizont ausdehnen und die Füße auf weiten Raum stellen. Orte, an denen Energie strömt, die sich aufnehmen lässt, die reinigt, stärkt und erhebt, die lange nachwirkt und Lebenskraft gibt. Schöne Plätze und besondere Bauwerke helfen, an das Gute zu glauben; sie bestärken uns in der Überzeugung von der Kraft des Guten. Das ermutigt und weckt die eigene schöpferische Energie.

Diese Orte aufzusuchen und Menschen einzuladen mitzukommen ist Teil unserer Lebensreise. Den eigenen Kindern diese Orte zu zeigen ist unerlässlicher Bestandteil des Miteinanders.

Nicht nur von Menschen gestaltete Orte, auch die Natur selbst ist voller Schönheit, Kraft und Energie. Die Erde ist Heimat von heiligen Orten, besonderen Orten, gebenden Orten, Bergen, Wäldern, Bäumen, Quellen, Seen, Ausblicken und ganzen Landschaften, an denen wir Lebensenergie trinken können.

Beim Eintritt in diese alte Kirche ist es mir, als beträte ich meine Seele.

Auguste Rodin

So griffen einstmals aus dem Dunkelsein
der Kathedralen große Fensterrosen
ein Herz und rissen es in Gott hinein.

RAINER MARIA RILKE

Rainer Maria Rilke hat mehrmals gemeinsam mit Auguste Rodin die Kathedrale von Chartres besucht.

Initiation
Du gehörst dazu

Konfirmation und Firmung sind Rituale für junge Menschen an der Schwelle zum Erwachsensein. In beiden kirchlichen Festen wird der Übergang vom Kindsein zum Jugendalter gefeiert. Die katholische Firmung und die evangelische Konfirmation bedeuten sinngemäß „Bestärkung".

Fröhliche Familienfeste scheinen sie zunächst zu sein und die meisten jungen Menschen vermögen die Tiefendimensionen wohl kaum zu erkennen. Und doch geht es letztlich um eine erste Auseinandersetzung mit der Machtlosigkeit und Verletzlichkeit des Lebens bis hin zur Frage nach Sterben, Tod und einem möglichen Danach. In der kirchlichen Vorbereitung auf das Fest wird vom Wert des Glaubens und seiner Kraft, Trost und Hilfe zu geben, gesprochen.

Alle Kulturen sind überzeugt, dass die Jugend in irgendeiner Form initiiert werden muss. Im Ritual der Initiation geht es nicht nur um eine gedankliche Auseinandersetzung mit grundlegenden Lebensthemen, sondern auch um eine Form des Spürens. Spüren ist gleichsam eine Spur, die in unserer Seele eingeprägt wird. Diese Erinnerungsspur ist abrufbar, wenn wir sie brauchen. Dieses Spüren hat Bestand. Der Inhalt des Konfirmanden- oder Firmunterrichts bleibt oft nicht in Erinnerung, sehr wohl aber das Erleben von Gemeinschaft, das Erhebende eines großen Festes, das Singen und die Ahnung, dass Glaube etwas Bergendes ist.

Äußeres Zeichen des in Konfirmation und Firmung gefeierten Übergangs ist die feierliche Aufnahme in die Erwachsenengemeinde. Früher gehörte zu den klassischen Geschenken eine Uhr als Zeichen, dass der junge Mensch Herr über die eigene Zeit wird. Aber auch die Geldgeschenke drücken aus, dass der Jugendliche nun wie ein

Erwachsener Verantwortung über seine Finanzen zu übe
nehmen beginnt.

Im kirchlichen Rahmen heißt das Erwachsenwerden:
„Dem Bekenntnis der Kirche hast du nun auch bewusst
zugestimmt und es als dein Bekenntnis angenommen. Du
bist ein Teil unseres gemeinsamen Suchens, Hoffens und
Liebens und dein Glaube, wie immer du ihn an den Tagen
deines Lebens denkst, entwickelst und veränderst, ist nun
ein Bestandteil unseres gemeinsamen Glaubens." Oder anders gesagt: „Dein ganz persönliches Bild, das du auf diese
Leinwand malst, ist nun Teil unserer Galerie."

Dieser Zuspruch äußert sich auch darin, dass man innerhalb der Gemeinschaft jetzt das verantwortliche Paten-
amt übernehmen und den Kirchenvorstand wählen darf.

In Taizé, einer Mönchsgemeinschaft in Frankreich, ver-
sammeln sich seit vielen Jahren Woche für Woche tausende
Jugendliche aus aller Welt. Sie werden mit dem Satz begrüßt: „Wir danken dir für das, was du mitbringst, denn
so, wie du glaubst, machst du unseren Glauben reicher."
Welch besondere Art, den Jugendlichen das Erwachsensein
zuzusprechen.

Der Übergang von der Kindheit zum Erwachsenenda-
sein ist eine große Wende, die uns häufig erst in der Rück-
schau bewusst wird. Gerade an diesem Übergang ist die
Begleitung durch Erwachsene von großer Bedeutung. Ihre
Lebenserfahrung, Altersweisheit, ihre Hoffnungen und
Wünsche, ihre Zuversicht und ihr Vertrauen sind ein gutes
Stück Proviant für die Weiterreise junger Menschen.

Ein Fest verbindet den Menschen mit seinen Wurzeln,
aus denen er lebt.

ANSELM GRÜN

Mein Körper, der Esel
Sich selbst ein Freund sein

Ich war mit Freunden auf dem Großglockner, erzählt Michael. Es waren genau die Tage des größten Fallouts nach der Tschernobylkatastrophe. Ich weiß natürlich nicht, ob es da einen Zusammenhang gibt, aber man macht sich so seine Gedanken. Jedenfalls lautete ein Jahr danach die Diagnose Leukämie. Die Chemotherapie setzte mir so zu, dass ich meinen Arbeitsplatz als Tischler aufgeben musste. Nach kurzer Zeit der Hoffnung verschlechterte sich mein Zustand rapide und ich flehte meine Frau an, mich nicht im Krankenhaus sterben zu lassen, sondern mit nach Hause zu nehmen. Die Ärzte, die keine weitere Therapie für sinnvoll erachteten, ließen mich gehen. Aber ich starb nicht, sondern es ging mir besser, wenn auch unendlich langsam. Ich habe ein Auge verloren und bleibende Schäden an den Beinen zurückbehalten. Ich bin nicht mehr fähig, in meinen Beruf zurückzukehren, aber mit einer kleinen Steinschleiferei kann ich zum Unterhalt der Familie beitragen. Diese Krankheit war eine der grundlegendsten Wendungen meines Lebens.

Jede Krankheit hat ihre Entsprechung in der Seele. Auch dort läuft etwas aus dem Ruder und ist von der Krankheit mit beeinflusst und mit betroffen. Es besteht ein rätselhafter Zusammenhang zwischen dem, was in uns ist, und dem, was sich durch Krankheit ausdrückt. In jeder Krankheit steckt eine Nachricht von innen, eine Botschaft, die wir uns selbst und unserer Umgebung signalisieren.

Krankheit trägt ein Paket wichtiger Fragen mit sich. Diese Fragen richtig zu stellen und ihre Lösung zu suchen ist immer auch wesentlicher Teil des Heilungsprozesses. Selbst die Medizin scheint diesem alten Wissen neu auf die Spur zu kommen und nimmt zunehmend ernst, dass unser Denken und Glauben die Realität direkt beeinflusst und tatsächlich Berge versetzen kann.

Wenn jemand einen Schnupfen hat, lässt sich locker die Frage stellen: „Über was bist du denn verschnupft?" Wenn jemand um sein Leben ringt, verbieten sich solche platten Parallelen. Vielleicht öffnet sich der Kranke irgendwann mit seinen Fragen, die er sich selbst immer wieder stellt. Dann mit ihm gemeinsam nach Antworten zu suchen kann wie eine heilsame Therapie sein.

Nicht nur die eigenen Geschichten drücken sich in Krankheiten aus. Ganze Gruppen, die Kultur, ja die gesamte Menschheit können Einfluss auf eine Krankheit haben. Das Fragen nach den Zusammenhängen muss deshalb über die Verantwortung eines Einzelnen hinausreichen. Michael ist nicht für die Katastrophe von Tschernobyl verantwortlich und die Botschaft seiner Krankheit hängt auch nicht mit ihm alleine, sondern mit der Geschichte des 20. Jahrhunderts zusammen. Viele Krankheiten sind keine ausschließlich persönlichen Geschichten, sondern gehen oft weit darüber hinaus. Auch deshalb ist es unfair, allzu schnell Zusammenhänge zwischen dem Leben eines Menschen und seiner Krankheit herzustellen.

Aber gute Fragen zu finden kann immer ein Anfang einer Heilung sein. Heilung beginnt nicht mit Bewertungen, nicht mit der Zuschreibung von Schuld oder Teilschuld, auch nicht mit Beschwichtigung und Erklärungsversuchen, sondern immer damit, dass der Kranke – und oft genug auch der Arzt – etwas sieht, dass etwas bisher Verborgenes und Zugedecktes in den Blick genommen, angesprochen und ausgesprochen wird.

In der Bibel wird die Geschichte vom Propheten Bileam erzählt, der auf einem Esel reitet. Plötzlich stellt sich ein Engel Gottes in den Weg, um Bileam von einem Fehler abzuhalten, den er im Begriff ist zu begehen. Nur der Esel sieht den Engel und bleibt stehen, während der Prophet das vermeintlich störrische Tier weitertreiben will. Der Prophet wird immer ungehaltener. Schließlich klemmt der Esel Bileams Fuß an einer Steinmauer ein, sodass kein Weiterkommen mehr möglich ist (4. Mose 22,21-25).

Manchmal ist es, als träte ein Engel in unseren Weg, damit wir aufschauen. Doch oft genug sehen wir ihn nicht. Aber der Körper, der Esel, hat den oft sehr viel besseren Blick. Manchmal verweigert er bockig den normalen Fortgang des Weges, fordert uns zum Absteigen und Umschauen auf und zwingt uns die Frage nach dem Grund für das Bocken auf.

Ich renne oft meinen Zielen und Gedanken, meiner Arbeit und meinen Projekten nach. Und manchmal meldet sich mein Körper mit einem unerwarteten Stillstand. Er stoppt meinen Lauf mit einer Grippe, einem Ausschlag, Kopfweh oder sogar noch hartnäckiger mit einer gänzlichen Verweigerung: halt – ich gehe nicht mehr weiter. Meine Reaktion besteht zuerst darin, mit meinem Körper zu schimpfen: Geh doch weiter, du Esel.

Aber mein Körper weiß manches, was ich nicht sehen kann. Er weiß, wann etwas zu viel wird, und er hat ein feines Gespür, wann etwas nicht in Ordnung ist. Er signalisiert, wenn der Seele etwas weh tut und wann es Zeit ist, innezuhalten und nachzudenken. Er sieht den Engel mitten auf dem Weg und bleibt stehen, während ich noch gar nichts bemerke, weil ich viel zu sehr in meinen Gedanken und Plänen verstrickt bin.

Welche Krankheit auch immer mich trifft, ein erster Schritt zur Heilung ist es, auf die Signale des Körpers zu achten und zu fragen: „Was willst du mir sagen? Was soll ich anschauen, was ich bisher nicht in den Blick genommen habe?" Oft genügt es schon, eine Pause zu machen. Andere Beschwerden sind hartnäckiger und ich muss ihre Ursachen genau ergründen.

In jeder Krankheit, in jeder Wendung stecken unausweichliche Lernaufgaben. Vielleicht muss ich langsamer werden, um Fortschritte machen zu können. Entscheidungen treffen, um einen Weg einzuschlagen. Bewusster leben, um präsenter zu sein. Reduzieren, um an Qualität zu gewinnen. Sein lassen, damit etwas geschehen kann. Diese Aufgaben sind uns aufgetragen.

Manchmal bleibt aber alles Fragen und Suchen ohne Antwort und ich kann mich nur einer höheren Ordnung anvertrauen.

Am Ende der Reise gibt es keine Heilung des Körpers und dieses Ende kündigt sich nicht selten bereits recht früh an. Jeder Körper beendet seinen Dienst und der Mensch stirbt. Irgendwann in diesem Prozess darf sich der Blick abwenden von Krankheit und Körper und hinwenden zu Seele und Geist mit ihren anderen Aufgaben, anderen Fragen und anderen Perspektiven.

Morgenmeditation in der Gehörlosensprache

WIR
rechte Hand von rechter zur linken Schulter
GEBEN
Hände nach vorn
DANK
Hände nach oben
FÜR DIESEN UNSEREN KÖRPER
Hände am Körper entlang
ER IST
Finger an den Mund
EIN HEILIGER
Kreisen der linken Hand über der rechten
ORT
Handflächen aneinander
ER IST
Zeigefinger an den Mund
EIN WERK
Fäuste aufeinander
DES WUNDERS
großer Kreis

Trennung
Sich verabschieden

Heiner erzählt: Ich lebe in einer festen Beziehung, aber da gab es noch eine Frau, zu der ich mich nicht nur hingezogen fühlte, sondern mit der mich ganz besondere Erinnerungen verbanden. Wir sehen uns nicht mehr, aber immer wieder, wenn mir etwas zu anstrengend wurde, dachte ich an sie. Die Gedanken an sie waren so etwas wie eine Fluchtburg für mich. Ich habe mein Herz der Gegenwart entzogen, um in die Vergangenheit zu reisen. Aber dann stellte ich fest, dass ich mein Herz in der Gegenwart gebraucht hätte. Obwohl die Sache äußerlich längst geklärt war, dauerte es Jahre, bis ich innerlich den Schritt nachholte. Ich brauchte dazu ein Ritual, um mir die Trennung wirklich bewusst zu machen. Dadurch veränderte sich meine Gegenwartsbeziehung wesentlich, im Nachhinein war die innere Trennung ein echter Wendepunkt.

Es gibt Zeiten, da müssen wir innerlich zur Schere greifen. Es gilt, zu trennen und Verbindungen zu kappen. Wenn ein Gedankengebäude Weg und die Sicht verstellt, muss man es abreißen. Es ist nötig, sich aus eigenen Verstrickungen zu lösen und sich von unehrlichen, weil einsam gemalten Bildern zu verabschieden, die ohne die ständig zurechtrückende Realität eines präsenten Gegenübers längst verkitscht sind. Ohne Dialog gibt es keine Wahrhaftigkeit. Wenn Gedanken und Emotionen auf die Vergangenheit ausgerichtet und in alten Geschichten verhaftet sind, dann fehlen sie im Jetzt und ebenso fehlt die Energie für den nächsten Schritt auf meinem Weg.

Jede Trennung ist schmerzhaft, aber alles beim Alten zu lassen und gar nicht zu entscheiden, verursacht oft die tieferen Wunden.

Das Ende der Rose

Meine Rose,
du hast meine Fantasie beflügelt.
Wärme hast du mir gegeben und Gefühle.
Dafür danke ich dir.

Du hattest einen Platz inne,
den ich dir nicht länger geben will.
Ich möchte dich nicht mehr warm halten in meinem Herzen.
Du bleibst ein Juwel in meiner Erinnerung, aber kein Feuer.

Ich ziehe meine Straße, ohne mich umzudrehen.
Mögest du in fernen Gärten blühen.

Umzug
Heimat schaffen

Umzüge gehören vor allem in jungen Jahren und wenn die Familie zu wachsen beginnt, zu den deutlichsten Wendungen. Gewiss ist Umziehen mühsam, aber es kann auch grundlegende Freude bereiten. Das Ausmustern alter Sachen und das Einüben des Loslassens sind nicht nur schwer. Da halte ich beim Einpacken ein altes Hemd in der Hand und sage: „Diesmal nehme ich dich noch mit", nur um es beim Auspacken endgültig dem Altkleidersack zu übergeben.

Sich von Büchern oder Musik zu trennen gehört für viele Menschen zum Schwersten. Auch meine alte Plattensammlung liegt im Keller mitsamt einem Plattenspieler, damit ich mir irgendwann all meine Schätze noch einmal anhören kann. Und vielleicht werden meine Töchter doch auch einmal so begeistert wie ich zu den fantastischen Erzählungen von C.S. Lewis greifen, dann stehen alle schon bereit. So wie im Keller meines Großvaters noch immer die Biografien der römischen Kaiser gesammelt sind. Aber die werde ich wohl doch nicht mehr lesen.

Einräumen ist immer auch ein kleines Fest. Ich kann alles neu gestalten, eine neue Ordnung schaffen, mich neu entfalten. Vielleicht erfreuen neue Möbel, neue Bilder oder der Anblick neuer Blumen mein Herz.

Natürlich ist anfangs vieles unsicher. Wird es uns gelingen, den neuen Ort heimelig zu machen, sodass wir gerne heimkommen? Wie gut können wir hier schlafen? Sind die Nachbarn uns zugetan und welche Energien stecken in diesem neuen Ort, die wir noch nicht kennen? Wird sich unsere Sehnsucht nach bergenden Wänden in freundlicher Umgebung erfüllen?

Für Kinder sind Umzüge oft besonders schwer, weil ihr System an Beziehungen, vertrauten Wegen und gewohnten Ordnungen umgepflügt wird. Nie werde ich den Schmerz meiner damals fünfjährigen Tochter vergessen, als sie mehrere Wochen nach dem Umzug weinend im Bett saß und sagte: „Papi, ich will heim."

In diesem Augenblick wusste ich, dass nicht nur sie Schmerz empfand, sondern dass wir als ganze Familie diesen Abschied als schmerzhaft und als Verlust erlebt hatten. Dieser Aufbruch war nicht wirklich begleitet von Begeisterung und fröhlichem Neuanfang. Fällt der Abschied sehr schwer, ist es besonders wichtig, miteinander zu reden und sich Rituale auszudenken, die Abschied und Neuanfang ausdrücken und spüren lassen. Wir verbrennen bei jedem Umzug in einem Lagerfeuer einige ausgewählte Dinge, die für das alte Zuhause und die Zeit dort stehen. Ebenso verabschieden wir uns von einer alten Pflanze und heißen eine junge willkommen.

Zu einer guten Vorbereitung auf einen Umzug gehört ganz entscheidend, die eigenen Vorstellungen und Wünsche klar ins Auge zu fassen und auszusprechen. Erstaunlich, wie oft die Realität der neuen Bleibe präzise formulierten Wünschen entspricht.

Silke erzählt: Wir saßen am Badesee, als mein Mann sagte, es sei an der Zeit umzuziehen. Wir besprachen, was wir uns wünschten: eine Maisonettewohnung mit kleinem Garten mitten in der Stadt, kurze Wege zu Schule und Arbeit, Platz für drei Kinder und bezahlbar sollte die Wohnung auch noch sein. Genau vier Stunden später erhielten wir einen Anruf. Uns wurde eine Wohnung angeboten, die genau dem entsprach, was wir formuliert hatten.

Kann Umziehen, kann das Leben manchmal wirklich so einfach sein? Alle Wendungen sind zwar immer auch mit Mühe und Sorge verbunden und erfordern Energie, aber manche Kurven lassen sich ganz einfach durchfahren, sobald wir das Lenkrad in die Hand nehmen und den Gang einlegen.

Umziehen schickt uns auf die Suche nach einem Zuhause, nach einem Platz, der gut ist, einem Ort, der Sicherheit bietet. Diesen Ort zu finden und dort einzuziehen ist der erste Teil des Umzugs. Der zweite, oft schwierigere Teil besteht darin, diesen Ort zu einem Zuhause zu machen. Ein Haus zu bauen ist der Weg zu einem großen Ziel, aber letztlich ist damit erst die halbe Strecke zurückgelegt. Danach steht die Arbeit an der guten Stimmung an, am bergenden Gefühl, am „Geruch" des Hauses.

Segensspruch für ein neues Zuhause

Möge die Eingangstüre viele herzliche Worte hören
und der Klang der Glocke euch willkommen sein.
Möge die Küche duften von den Gerüchen des Lebens
und der Tisch Halt geben eurer Familie.
Möge die Stiege euren Schwung tragen
und das Wohnzimmer Ruhe und Tanz umhüllen.
Mögen die Betten euch bergen
und das Bad euch erfrischen.
Mögen die Schreibtische sich wundern über die Kraft eurer Ideen
und möge der Garten staunen über die Freude eurer Feste.

Möge das Haus euch Heimat sein
und ihr eurer Welt ein Segen.

Dein kurzer Besuch
Nicht bleiben können

Als ich elf Jahre nach der Geburt unserer ersten Tochter meine Frau das zweite Mal sagen hörte, sie könnte schwanger sein, ging eine warme Welle der Freude durch mich hindurch. Wir kramten die alte Doppelpackung mit einem Schwangerschaftstest aus einer Schublade. Das Testergebnis war deutlich und wir tanzten und lachten. Eine Woche später, ich saß gerade in einem Fortbildungskurs, hielt ich es plötzlich nicht mehr aus. Ich stand auf, verließ den Raum und rannte eine Straße hinauf zu einem Waldstück. Betend, dankend und singend stieg ich durchs Unterholz, bis ich auf eine kleine freie Lichtung kam. Ich stieg auf einen Baumstumpf und schrie meine ganze Freude in den Himmel. Vor meinem inneren Auge erschienen Menschen, darunter meine verstorbenen Großeltern und mein Onkel, die sich mitfreuten und applaudierten.

Meine Frau wusste, dass es eine schwierige Schwangerschaft werden würde, und wollte nicht, dass wir gleich allen davon erzählen, und so warteten wir noch ein wenig mit der Bekanntgabe der freudigen Neuigkeit. Wir beschlossen, es auch unserer älteren Tochter erst am Heiligen Abend in ein paar Tagen zu sagen. Ich würde eine Karte für sie schreiben mit den Worten: „Es gibt noch eine ganz große Überraschung, obwohl sie noch ganz klein ist."

Der erste Besuch bei der Ärztin war ermutigend, alles sah gut aus, doch am selben Abend sagte meine Frau: „Da ist Blut." Ich wollte sie mit dem Wissen beruhigen, dass viele Frauen in der Schwangerschaft bluten, aber sie sagte: „Ich habe auch Krämpfe." Sie wusste in ihrem Inneren, dass wir dieses Kind verlieren werden.

Drei Tage später war Weihnachten. Meine Frau hatte mit Kindern das Krippenspiel einstudiert, ich begleitete die Lieder am Klavier. Es war ein seltsamer Augenblick. Überall leuchteten Eltern- und Kinderaugen. Umgeben von

Engeln, Josef und Maria und den Hirten, blickte ich zu meiner Frau, die vor der ersten Reihe der Kirchenbänke stand, um den Kindern den Einsatz zu geben. Nur ich sah, wie sie dabei innerlich litt. Inmitten der Feier der Geburt eines wunderbaren Kindes starb unser Kind. Wir hatten einen stillen Weihnachtsabend und das Kuvert, das wir Hannah hatten geben wollen, stellten wir mit einer Kerze ans Fenster.

Leben entsteht auf wundersamste Weise. Mutter und Vater geben etwas von sich und winzig und unsichtbar bildet sich Neues. Nach einer kraftvollen Ordnung läuft alles ab und gegen viele Widrigkeiten bahnt sich das Leben seinen Weg. Manchmal wird dieser Weg aus unerklärlichen Gründen abgebrochen und mitten im Aufbruch beendet. Es ist Teil des Geheimnisses des Lebens auf Erden, dass diese Reise zu jedem Zeitpunkt zu Ende gehen kann. Aber zum Geheimnis gehört auch unsere Ahnung, dass keine einzige Lebensspur unsichtbar bleibt, sondern gesehen wird und eingebunden ist in das große Wissen voneinander.

Trauer ist der Verlust der gedachten Fortsetzung, der Eintritt und Durchgang durch eine unerbittliche Wendung. Trauer ist das unabänderliche Nicht-Bleiben von etwas, dessen Bleiben wir uns ersehnt haben. Und doch bleibt selbst in den größten Verlusten immer etwas zurück. Selbst wenn ein Mensch durch seine eigene Entscheidung ein ungeborenes Leben beendet, kann es sich zwar nicht weiter entfalten, aber es ist dennoch Teil eines großen Ganzen.

Tief in uns tragen wir die Erinnerung, die eingravierte Spur im Herzen und den Glauben, dass es hinter unserer Wirklichkeit noch ein anderes Bleiben gibt – eine Wirklichkeit, von der es heißt, dass alles vergeht, aber die Liebe bleibt, eine Wirklichkeit, in der jede Träne gezählt und gesehen wird und in der der Tag kommen wird, an dem keine Trauer mehr sein wird.

Ein paar Tage vor Weihnachten, als wir über die Brücke über den Inn zu unserer Wohnung gingen, hatte ich gesagt:

„Wenn es ein Mädchen ist, heißt sie Maria." „Ja", stimmte meine Frau zu.

Was uns bleibt, ist Marias Name und es ist schön zu wissen, dass wir ihren Namen bereits kennen, wenn wir ihr irgendwann begegnen werden.

Du bist nicht mehr,
der Kreis hat sich geschlossen.

Unsere Hände bleiben leer,
ins Herz bist du gegossen.

Dringlichkeit
Manche müssen früher aufbrechen

Wir unternahmen eine große Bergtour. Zuerst gingen wir den Innsbrucker Klettersteig, einer Kette kleiner Gipfel entlang bis zur Frau Hitt, einer einsamen eindrucksvollen Felsspitze in einem Sattel. Eine hartherzige Frau soll hier zu Stein erstarrt sein. Von dort stiegen wir hinab in das Karwendel hinunter zu einer Alm. Die sportlichen Typen unter uns zeigten der Reihe nach Zeichen der Erschöpfung. Nur Diethard nicht. Er hatte als Jugendlicher immer ein wenig Übergewicht und so hatten wir anfangs Sorge, ob er mithalten würde. Aber je länger die Tour dauerte, desto mehr schien er in Schwung zu kommen und als wir in der Dämmerung die letzten Meter zur Alm gingen, bot er den Müdesten an, die Rücksäcke zu tragen, weil er, der „Bär", sich noch kräftig fühlte. Zwei Jahr später erhielt er die Diagnose Leukämie. Mit 24 Jahren starb er.

Uta, eine der besten Freundinnen meiner Frau, ist an Brustkrebs gestorben. In einem der letzten Gespräche sagte sie: „Das Schlimmste an dieser Krankheit ist, dass mich die Chemotherapie so müde macht. Dabei muss ich noch so viel klären, verzeihen, aussprechen."

Diethard und Uta haben uns eine Botschaft hinterlassen: Das Leben ist dringend.

Der Tod junger Menschen ist härter und bitterer als der Tod eines Menschen, der alt und lebenssatt stirbt. Bei aller Tragik ist der vorzeitige Tod auch ein Lehrmeister. Ohne das Wissen um ein vorzeitiges Ende wäre ich mit den wichtigen Dingen des Lebens oft nachlässig. Zu vieles würde ich aufschieben mit der Begründung: „Später ist Zeit genug." Der Tod mahnt mich zur Dringlichkeit. Wenn eine Tür sich öffnet, muss ich sie auch durchschreiten. Wenn mein Leben eine Wendung nimmt, will sie auch umschritten werden. Wenn mein Körper oder meine Seele Zeichen geben, müssen sie auch ernst genommen werden.

Diethard und Uta, Onkel Fred und Lissi, Arthur und Much und all die tausend anderen, die früh aufbrechen mussten, sind Wächter in unserem Leben, die uns zuflüstern: „Jetzt lebst du, mach das Beste daraus und schieb nicht auf, was dir wichtig ist. Das Leben ist dringend."

Aber nicht nur mein Leben ist dringlich, sondern auch das Leben der anderen. Vielleicht habe ich noch Zeit, aber nicht die anderen. Deshalb will ich auf die Stimme hören, die mir zuflüstert: „Jetzt leben wir, schieb nichts auf, was dir wichtig ist."

Alle Wächter in unserem Leben haben ein Gegenüber. Wenn wir in das Gesicht des einen blicken, steht der zweite zu unserem Schutz hinter uns. Wenn uns der eine an der Hand nimmt, bietet uns der zweite die andere an. Wohin wir auch gehen, letztlich stehen wir unter dem Schutz von beiden.

Wenn uns die Dringlichkeit antreibt, lächelt uns die Gelassenheit zu. „Du hast alle Zeit der Welt" sagt sie, ohne dabei zu lügen. „Für alles, was du tun willst, ist ausreichend Zeit vorhanden", ergänzt sie, wenn die Last des Versäumten, Ungesagten und Unerledigten unser Herz beschwert.

Auf zwei Füßen gehen wir, zwei Hände haben wir zum Anpacken, mit zwei Augen sehen wir. Schlafen und Wachen, Angst und Vertrauen, Freude und Schmerz, Gelassenheit und Dringlichkeit – in vielem leben wir aus der Balance zwischen Gegensätzen. Das eine ohne das andere ist schwer zu ertragen, aber aus der Kraft von beidem können wir leben.

Euch, die ihr früh gehen musstet, danke ich.
Ihr mahnt mich zu leben.
Ohne euch wäre ich nachlässig.
Fahrlässig dem Leben gegenüber.

Ich segne eure Reise. Ich sehe eure Spuren.
Ich denke an euch und nehme von der Kraft,
die ihr hinterlassen habt.

Die letzte Wendung ist der Tod
Kann alles heilen?

Eine gute Bekannte ist am Telefon. Im Klang ihrer Stimme höre ich Ernstes und Wichtiges.

„Darf ich eines deiner Labyrinthbilder für eine Todesanzeige verwenden? Mein Bruder hat sich das Leben genommen."

Sie will das Bild bei mir abholen. Vielleicht lässt sich mit dem Bild des Labyrinths als Bild des Lebens manches von seinem Weg besser verstehen.

Wir trinken Kaffee. Es ist nicht leicht, über Selbstmord zu reden. Wir umkreisen die Fassungslosigkeit und Trauer mit dem Versuch, unsere Gedanken auszutauschen.

„Jedes Mal, wenn wir an ihn denken, werden wir das Gefühl haben, dass er seinen Entschluss möglicherweise aus heutiger Sicht bereut."

„Die letzte Ehre, die man einem Menschen erweisen kann, besteht darin, seine Entscheidung uneingeschränkt zu respektieren."

„Der Wunsch, dass man durch irgendein Gespräch, eine Geste seinen Entschluss noch abändern hätte können, wird uns für immer begleiten."

„Was wohl der letzte Auslöser für seine Entscheidung war?"

„War er wirklich frei in seiner Entscheidung oder hineinverwoben in ein Geflecht von ungünstigen Umständen?"

„Ich denke mir immer, wenn ich nicht mehr kann, würde ich einfach ganz weit weggehen, nach Santiago oder nach Argentinien, aber sich selbst nimmt man ja doch immer mit."

„Das Gefühl, als Angehöriger versagt zu haben, zu wenig geliebt zu haben, ist sehr schmerzhaft."

„Zu wenig geliebt zu haben ist der größte Schmerz von uns allen."

Ich spürte den Wunsch, noch irgendein Aber anzufügen, noch irgendeinen Trost auszusprechen, noch irgendeinen Blick zu eröffnen, noch irgendeine passende Geste auszudrücken. Aber es gibt Situationen und Ereignisse, in denen das nicht möglich ist, in denen der letzte Satz wie ein offener Schnitt ist, in denen allein die Hoffnung bleibt, dass irgendwann doch noch Verbindendes und Heilendes geschehen können.

Worte an einen Menschen, der sich das Leben genommen hat

Du hast dein Leben gelebt und von deiner Freiheit Gebrauch gemacht, den Zeitpunkt deines Todes selbst zu bestimmen.
Du hast uns mit vielen Fragen zurückgelassen und mit dem schweren Gefühl, etwas versäumt zu haben.
Wir bitten dich um Vergebung für alles, worin wir an dir schuldig geworden sind.
Wir bitten dich um Vergebung, dass wir die Zeit nicht besser nutzen konnten, in der du unter uns gelebt hast. Auch wenn uns nichts schwerer fällt, so möchten wir deine Entscheidung respektieren. Wir verbeugen uns vor deinem Leben. Wir danken dir für alles, was du uns gegeben hast. Du sollst wissen, dass wir dich nicht verurteilen, auch deine radikale letzte Entscheidung nicht. Deine Würde ist für uns unantastbar. Ziehe in Frieden.
Wir hoffen auf die Auferstehung. Wenn wir uns wiedersehen, sollst du keinen Vorwurf von uns hören. Wir möchten, dass wir und du dann aufrecht voreinander stehen mit einem Leuchten in den Augen.

Der Tod meines Mannes
Die Liebe ist eine Entscheidung

„Willst du einen Keks haben?", fragte Paula ihre dreijährige Tochter Sarah. Als sie bejahte, öffnete Paula, die auf dem Beifahrersitz saß, den Gurt, nahm einen Keks und beugte sich nach hinten zu ihrer Tochter. An das Geräusch konnte sich Paula später nicht mehr erinnern, nur noch an den Schatten. Ein Auto war von der Gegenfahrbahn abgekommen und ungebremst mit ihrem Wagen zusammengestoßen.

Sarah starb am nächsten Tag, Paulas Mann Roy, der am Steuer gesessen hatte, drei Tage später. Weil Paula nicht angeschnallt war und aus dem Auto geschleudert wurde, überlebte sie. Mit ihr ihre zweite Tochter Beth, sie wurde sechs Monate nach dem Unfall geboren. Sieben Jahre dauerte die erste lange Phase des Schmerzes. Eine wichtige Erkenntnis fasste Paula am Ende dieser Zeit so zusammen: „Bei mir liegt die Entscheidung, ob ich das dritte Opfer dieses Unfalls bin, und ich entscheide mich dagegen."

Ganz werden die inneren Wunden nie heilen, aber Paula ist nicht bitter geworden, sondern eine wunderbare und feine Dame, ein großartiger Mensch, eine liebe Freundin. Wie Paula die Verletzung ihrer Seele, die Bitterkeit und Wut in Güte und Verständnis verwandelt hat, ist mir zum Vorbild geworden und das ist mit ein Grund, warum unsere zweite Tochter den Namen Paula bekam.

Wenn wir in der Runde um ein Labyrinth stehen, wird immer wieder einmal dieser Satz gesagt: „Eine wichtige Wendung in meinem Leben war der Tod meines Mannes." Besonders traurig ist es, wenn der Tod die Partner in der ersten Phase des Ruhestands auseinanderreißt, jetzt, da sich alles zu entspannen beginnt und die Vorfreude auf die gemeinsame Zeit groß ist.

Helga erzählt: Ich war kürzlich alleine essen; Paella in einem Jazzlokal. Ich weiß, es klingt kindisch, aber ich habe mir zwei Teller decken lassen. Er liebte Jazz und er liebte Paella und es war unser 40. Hochzeitstag.

Alles, was man noch so gerne miteinander geteilt hätte, ist nicht mehr möglich. Die größte Wendung ist der Tod, er ändert alles, und die zurückbleiben, sie müssen einen anderen Weg weitergehen.

Ich erkannte, wie leicht es gewesen wäre, bitter zu bleiben. Es war eine Wahl, die ich zu treffen hatte. Die Tatsache, dass ich meinen Mann und meine Tochter gekannt und geliebt habe, zu etwas Dunklem und Schrecklichem zu machen würde Verbitterung bedeuten. Ein solches Ergebnis war für mich unvorstellbar. Ich wollte, dass die Früchte unserer gemeinsamen Jahre Liebe sein würden. Denn sie geliebt zu haben sollte mein Leben reicher machen und nicht ärmer. Wenn das aber wirklich stimmen sollte, musste ich mich nach der Liebe ausstrecken. Dies war die Wahl, vor der ich stand: Ich habe mich für die Liebe entschieden. Es war oft mehr als schwierig, aber das Leben ist nicht ohne Schwierigkeiten. Ich musste das Gefühl, mir selbst leidzutun und jemand anderen oder das Leben an sich für mein Unglück verantwortlich zu machen, hinter mir lassen. Heute, fast 30 Jahre später, bin ich sehr froh, dass ich diese Entscheidung getroffen habe.
Das letzte Wort hat nicht der Schmerz; das letzte Wort hat die Liebe.

PAULA D'ARCY

Die Nachzüglerin
Du bist ja doch noch gekommen

Es gab und gibt in meinem Leben nichts Schöneres und Besseres, als das Aufwachsen meiner Kinder mitzuleben, sie zu begleiten von ihren Anfängen, ihre Entwicklung zu fördern und auch dann noch da zu sein, wenn sie ausfliegen. Unsere erste Tochter hat uns in vielem überrascht, herausgefordert, erstaunt und beflügelt. Nach einiger Zeit wurde der Wunsch immer größer, noch ein zweites Kind haben zu dürfen. Aber es wollte sich keines einstellen. Die Jahre vergingen und wir näherten uns der biologischen Grenze. Wir hatten Untersuchungen machen lassen; die Aussichten waren nicht günstig, aber eine geringe Chance bestand. Wir taten, was man dazutun kann, und versuchten nach alten und neuen Ratschlägen nachzuhelfen. Am allermeisten wollten wir unser Herz bereit machen und sagen: „Wir wollen wirklich." Dann wurde meine Frau schwanger und wir verloren das Kind.

Ich kämpfte mit Gott, meiner Seele und dem Wissen, dass alles gut ist, wie es ist. Abfinden hat auch etwas mit Finden zu tun. Als die Haare endgültig grau geworden waren, überlegten wir, ein Pflegekind aufzunehmen. Als wir am Ende des Pflegeelternkurses darüber sprachen, wie wir wohl entscheiden könnten, welches Kind wir aufnehmen, sagte unsere ältere Tochter Hannah spontan: „Am liebsten wäre mir, wir würden jetzt hier in der Wiese ein Kind finden. Dann wüssten wir, dass es zu uns gehört."

„Wenn sie wüsste, wie sehr sie vielleicht recht hat", dachte meine Frau und beschloss in diesem Augenblick, uns am Abend zu sagen, dass sie vielleicht wieder schwanger war. Als wir um unseren Tisch saßen und davon hörten, brachen wir nicht in lauten Jubel aus. Zu nahe war die Erfahrung, wie gefährdet werdendes Leben ist. Aber wir fühlten diese süße Freude, dieses heilige Singen im Herzen, das beschwingte Bangen und Hoffen und große Rührung.

Lange bangten wir, denn die Schwangerschaft war nicht leicht. Bis zuletzt blieb uns jeden Tag bewusst, welches Geschenk es ist, wenn ein Kind kommen will.

Dann war sie da, wunderschön und vollkommen, und wir nannten sie Paula – ein Name, den wir nie ausgesucht hätten, er ist ihr zugefallen. Erst nach einem halben Jahr wussten wir, dass sie ganz gesund ist, und jetzt stellt sie unser Leben noch einmal auf den Kopf. Wir begleiten ihr Aufwachsen und lernen noch einmal alles über das Leben. Welch ein Segen sie ist, unsere Nachzüglerin Paula.

Die Geburt eines Kindes markiert auf jeder Lebensreise ein deutliches Davor und Danach. Kinder bringen die größte Veränderung und auch Herausforderung auf dem Weg. Sie markieren Wendungen, nach denen vieles grundlegend anders ist als zuvor. Beziehungsgeflechte lösen sich und werden neu verbunden. Eifersucht und Konkurrenz tauchen auf, Ansprüche und Rücksichtnahmen werden neu verteilt. Mit jedem Kind werden Themen akut, die vorher nicht wichtig waren, und mit jedem weiteren Kind beginnt der Weg der Begleitung von neuem. Wann und unter welchen Umständen uns Kinder geboren werden, wie schnell hintereinander oder mit welchem Abstand, ob ersehnt oder ungeplant, ob früh oder als Nachzüglerkind im Spätsommer des Lebens – immer stellt das Leben den Eltern die Frage: „Was kannst du geben? Was kannst du sein?" Immer lautet die Antwort: „Zu wenig."

Dieses Zuwenig benennt jedoch nicht nur einen Mangel, sondern weist auch auf die Überfülle des Lebens hin. Das Leben macht so vieles möglich, erlaubt so viel, gestattet so viele Wendungen und Veränderungen, lässt so vieles erhoffen. In uns steckt die Sehnsucht nach dem Paradies, wir ahnen die ganzen Möglichkeiten des Menschseins und hören nie auf, davon zu träumen und immer neu und immer mehr zu versuchen. Wir leiden an jedem Unrecht und jeder Tragik mit. Wir wissen, wie schön die Welt sein kann, und wollen jede Unordnung und Verwüstung wieder gut machen.

Alles ist immer zu wenig. Das ist das Schicksal aller Menschen und Eltern spüren es besonders schmerzlich. Dennoch genügt der Versuch, den Kindern sein Bestes zu geben. Wir geben das, was möglich ist. Die Ahnung, wie viel mehr an Liebe, Zuwendung, Verständnis und Vertrauen noch möglich wäre, bleibt eine nie endende Herausforderung nicht nur aller Eltern, sondern aller Menschen. Ebenso bleibt die Herausforderung, Frieden zu schließen mit dem, was ist, und zufrieden zu sein.

Kinder

Ich weiß nicht, was aus mir geworden wäre ohne euch.
Ihr habt mich weichgeklopft.
Ihr habt mich nicht in Ruhe gelassen.
Ihr habt mich angelacht und angeschrieen.
Ihr habt mich umarmt und geküsst.
Ihr habt mit mir gespielt und gekämpft.
Ihr habt mich zum Weinen vor Glück gebracht
und meine Nerven ausgereizt.
Ihr habt mich gezwungen zu leben.

Welche Freude es ist, euer Vater zu sein!

Taufe
Du hast einen Namen

Seit Jahren feiern wir die Osternacht mit einer Lichtfeier um 5 Uhr morgens. In Paulas Geburtsjahr wurde die Kirche umgebaut und deshalb wurde der Ostergottesdienst im Freien auf einem Kalvarienberg etwa 100 Meter über der Stadt gefeiert. Paula würde in dieser besonderen Nacht an einem besonderen Ort getauft werden. Beide Großmütter waren besorgt wegen der morgendlichen Kälte und ein leichter Nieselregen stimmte auch uns bedenklich. Wir ermahnten unsere ältere Tochter, in Thermoskannen möglichst viel heißes Wasser mitzunehmen, damit das Taufwasser für Paula nicht zu kalt wäre. In der Dunkelheit stiegen wir den Berg hinauf, die Amseln stimmten ein eindrucksvolles Morgenkonzert an und als die Gemeinde in der ersten Morgendämmerung auf dem Berg neben der alten Kapelle zusammenstand und die Osterlieder anstimmte, erfüllte mich die Freude über diese Nacht und mein kleines Kind in meinem Arm.

Alle schmunzelten, als der Pfarrer uns mit Abraham und Sarah verglich. Mit deren Alter konnten wir natürlich nicht mithalten, aber das lange Warten kannten wir doch. Noch viel mehr musste ich lachen, als meine große Tochter das Taufbecken füllte, denn niemand hatte an kaltes Wasser zum Mischen gedacht. Dampfwolken stiegen auf und nebelten den Pfarrer ein. Mit geschickter Fingerbenetzung gelang es ihm, das Kind nicht allzu heiß zu taufen. So wurde Paula Maria Gisela in kühler Osternacht mit Blick über die ganze Stadt und aufgehender Sonne wärmstens willkommen geheißen in der Schar der Hoffenden und Glaubenden.

Die biblische Geschichte von Abraham erzählt von dem lebenslangen Ringen um das Vertrauen in Gott. Abraham bricht auf in ein fremdes Land. Ständig sind seine Sorgen gegenwärtig. Er fürchtet um sein Leben und kann nicht an die Verheißung glauben, dass er einen Sohn bekommen wird. Im hohen Alter sind Abraham und Sara noch immer kinderlos und als ein Bote ihnen abermals die Geburt eines Sohnes ankündigt, können sie nicht anders als darüber zu lachen. Aber das Wunder geschieht und ihr Sohn Isaak wird geboren (1. Mose 17-21).

Glaube heißt, sich wider besseres Wissen darauf einzulassen, dass geschieht, was man nicht für möglich hält. Glaube heißt, sich dafür zu öffnen, dass es eine Kraft gibt, die hinter unserer Realität wirkt und diese Realität verändert. Glaube lässt erfahren, dass diese Kraft eine Stimme hat, die zu uns spricht, und einen Namen, der uns mitgeteilt wird.

Namen machen aus Abstraktem Konkretes, aus Diffusem Sichtbares, aus Fremdem Bekanntes. Bei einer Taufe feiert eine Gruppe von Menschen im Namen Gottes die Namensgebung und Zugehörigkeit des Täuflings zur Gemeinde. Die Taufe ist das Fest der Einzigartigkeit und Besonderheit, Heiligkeit und Unendlichkeit dieses neuen Menschen. Sie ist das Fest des Glaubens an einen Gott, der uns zugetan ist und mit uns im Dialog steht. Sie ist ein Fest des Vertrauens, dass in der größten Kälte auch Wärme ist, dass aus jeder Dunkelheit Licht wird, dass auf jede Nacht ein Morgen folgt und auf jeden Karfreitag Ostern.

Dein Name

Deinen Namen weißt nicht nur du.
Deinen Namen wissen nicht nur wir.
Dein Name wird gerufen vom Strom des Lebens.
Dein Name wird gesungen von Anbeginn der Zeit.
Dein Name wird gesprochen von dem, der alles erschafft.
Dein Name ist bekannt in den Weiten des Universums.
Und wenn alles vorüber ist, wirst du begrüßt mit deinem Namen.

Erfolg
Die Gabe der Talente nutzen

Als Tiroler ist mir ein klassisches Bild für Erfolg vertraut. Man steckt sich eine Bergspitze als Ziel, packt seinen Rucksack, steht früh auf und geht los. Man überwindet den inneren Schweinehund und erreicht schließlich das Ziel, markiert durch ein Gipfelkreuz und besiegelt durch den Eintrag ins Gipfelbuch. Belohnt mit einem fantastischen Ausblick wird der Erfolg noch ein wenig gefeiert, ehe man den Abstieg beginnt. Vieles im Leben erleben wir ähnlich.

Vor mir liegt das erste Exemplar des ersten Buches, das ich geschrieben habe. Daneben stehen eine Flasche Prosecco und zwei Gläser. Ich bin stolz, begeistert und in Feierstimmung. Welch ein Berg liegt hinter mir, wie viele Stunden des Weges, wie viele Anstiege und Rastpausen, wie viele Zweifel, ob ich auf dem richtigen Weg bin, ob etwas Gutes entsteht, wie viele Augenblicke, in denen ich mir die Frage gestellt habe, ob mein Vorhaben zu schaffen ist.

Meine Frau macht ein Foto für das Familienalbum, dann stoßen wir an. Es gehört zu den beschwingtesten Seiten des Lebens, seine Talente einzusetzen und auszuprobieren, umzusetzen und zu entfalten, was ich an Gaben erhalten habe. So beflügelt, lassen sich auch lange Wege gehen.

Jedem Menschen wird eine Fülle an Fähigkeiten und Möglichkeiten in die Wiege gelegt. Kein Mensch kann jedoch alles leben, was prinzipiell möglich ist. Oft stehen wir vor der Situation, zwischen zwei guten Dingen wählen zu können. Eine Weile war ich der Meinung, dass ich meine Wahl treffe, nachdem es mir gelungen ist herauszufinden, welche Entscheidung besser ist. Heute glaube ich das nicht mehr. Viele Entscheidungen sind gleich gut und wenn ich auf meinem Weg etwas Wichtiges übersehen habe, führt eine Schleife mich irgendwann wieder an diese Stelle zurück. Diese Sicht entspannt und macht gelassen.

Wenn ich meine Gaben einsetze, wenn ich Bestätigungen erhalte, die mich ermutigen, geduldig einem langen Weg zu folgen, erreiche ich auch meine Ziele.

Manche Ziele ändern sich im Laufe des Weges und durch Erfahrungen und Begegnungen wird das, was ich möchte, hinterfragt und neu ausgerichtet. Immer steht die Einladung im Raum, zu tun oder zu lassen, sich einzusetzen oder zu sagen: Das ist nicht mein Kampf und nicht meine Zeit. Wenn ich mich aber entschieden habe und sich der Erfolg einstellt, bekomme ich Lust auf mehr.

Wenn sich der gleiche Erfolg ein zweites Mal einstellt, hat er allerdings eine andere Qualität. Als mein zweites Buch erschien, freute ich mich auch, aber es gab kein Fest, keine großen inneren Bewegungen, keine neuen Erkenntnisse. Es scheint, als braucht der Mensch einen Erfolg nur einmal wirklich. Er bestätigt, was man erträumt und gehofft hat. Damit wird das Wissen eingepflanzt, dass ich meine Gaben gut eingesetzt habe und Ziele, wie weit sie auch scheinen, erreichbar sind. Erreiche ich ähnliche Ziele ein zweites Mal, ist das zwar erfreulich, hat aber keine grundlegend neue Bedeutung mehr.

Wie gehe ich mit dieser Dynamik um? Ein größerer Erfolg kann vielleicht noch einmal das schöne Gefühl, ein Ziel erreicht zu haben, herbeiholen und jeder neue Gipfel beschert einen neuen Ausblick. Aber irgendwann richtet sich der Blick nicht länger nur auf die Gipfel, sie beginnen ihre Bedeutung zu verlieren. Die Aufmerksamkeit wendet sich dem Abstieg und dem Tal zu. Äußere Ziele sind der eine Teil. Etwas zu schaffen und zu vollbringen, etwas zu leisten und ein Ergebnis vorzuweisen, das sind Aufgabe und Lust des Lebens.

Mit der Zeit werden innere Ziele wichtiger. In seiner Stärke zu ruhen, andere nicht niederzuhalten, um selbst größer zu sein, Missgunst und Neid abzulegen, Verantwortung von sich auf das Ganze zu erweitern, mit sich selbst gut zu sein, das sind innere Ziele, die nach jedem Erfolg an Bedeutung gewinnen.

*Der Erfolg lehrt dich genau einmal, dann sind es andere Dinge,
die dich lehren. Danach ist Erfolg durchaus angenehm, aber er
kann dich nichts mehr lehren.*

RICHARD ROHR

Niederlage
Neue Gärten entdecken

Maximilian erzählt: Zusammen mit einem Kompagnon hatte ich eine Firma aufgebaut. Immer öfter kam es zu Auseinandersetzungen über die zukünftige Ausrichtung der Firma. Schließlich spitzte sich unser Streit so zu, dass ich mich ausmanövrieren ließ und er die Firma alleine übernahm. Das war eine große Wende in meinem Leben.

Wenn man ein Ziel ins Auge fasst und mit leeren Händen zurückkommt, wirft man Mantel und Tasche in die Ecke und am nächsten Morgen ist man meist wieder bereit für Neues. Anders geht es mir, wenn ich nicht verstanden werde, wenn ich weiß, wie ich denke, was ich sehe, was ich will, und mein Gegenüber etwas anderes meint oder in meinem Bemühen etwas anderes sieht. Manchmal bleibt die Kommunikation unvollkommen und ich kann meine Sicht nicht verständlich machen oder meine Meinung nicht vermitteln. Es ist, als ob ich auf taube Ohren stoße. Und manchmal *will* der andere gar nicht hören, was ich zu sagen habe. Er spielt sein eigenes Spiel auf seiner eigenen Bühne und will sich nicht stören lassen. Dann ist keine wirkliche Begegnung möglich und es ist schwer, das Gute in die Mitte zu stellen und das Schlechte beiseitezuschieben. Schnell wird das Dunkle und Kalte hervorgeholt, manchmal drohen sogar regelrechte Giftattacken. Beide verstellen einander den Weg und haben kein Vertrauen mehr in eine gute gemeinsame Lösung. Es stehen nur noch Du gegen Ich, Sieg gegen Niederlage.

Eine wohlwollende Geste, ein offener Satz könnte alles wieder in eine positive Richtung wenden, ebenso wie ein falsches Wort oder ein unglücklicher Umstand eine offene Chance in einer Sekunde zunichtemachen kann. Wie viele Schlachten wurden wohl nur deshalb geschlagen, weil die eine kleine Tür zum Frieden ungenutzt bleibt. Wie viel wurde geopfert, weil die Beteiligten eine mögliche Wendung stur verweigert haben. Und oft genug waren nicht nur die Beteiligten die Leidtragenden.

Manchmal scheint es keine Lösung zu geben. Es mangelt an Kraft und dem Willen, so lange abzuwägen, zu modifizieren und neuerlich zu ändern, bis alle mit der Situation gut leben können, so lange nach einer tragfähigen Lösung zu suchen, bis alle sich anständig behandelt fühlen.

Manche Konflikte fordern unausweichlich Opfer. In irgendeiner Form sind dann beide Parteien verwundet. Nach außen hin freilich erscheint meist einer als Gewinner und der andere als Verlierer.

Manche Missverständnisse lösen sich nie auf, manche Trennungen werden nie erklärt, es gibt Wunden, die nie ganz ausheilen, und Konflikte, die unversöhnlich bleiben. Es ist bitter, auf der Seite der Verlierer zu stehen und die Ohnmacht des Unterlegenen hinzunehmen.

Wenig hilfreich bei der Bewältigung von Niederlagen ist der Versuch, alles von der Klärung der Schuldfrage abhängig zu machen. Sie ist meist viel zu komplex und lässt sich kaum einfach, wenn überhaupt lösen. Die Fehler, die ich gemacht habe, und die Fehler, die ich zugelassen habe, liegen oft schon weit zurück. Vielleicht gelingt es mir, zumindest so viel daraus lernen, dass ich sie das nächste Mal vermeiden kann.

Nach fast jeder Niederlage ertönt irgendwann das Signal zum Aufbruch. Der Neuanfang liegt bereit und wartet darauf, dass ich die Vergangenheit hinter mir lasse und nach vorne blicke. Der Neuanfang setzt auf die Erfahrungen, die ich gewonnen habe. Ich bin nicht mehr so verwundbar, so stur, so defensiv, so unklug, so unentschlossen, so überheblich, so gutgläubig wie vorher. In mir Veränderungen zuzulassen und an ihnen zu arbeiten ist der Dünger für neue Aufbrüche.

Nicht nach allen Niederlagen ist ein Neuanfang oder zweiter Versuch möglich. Aber selbst für diese gilt: Niederlagen sind Schätze des Weges. In Niederlagen betreten wir einen wichtigen Teil der Landschaft unserer Seele. Auch dieser Teil kann, selbst wenn er zuerst als Wüste erscheint, zu einem Garten werden, der Früchte und Düfte in das Leben zu bringen vermag, die kein anderer Teil des Gartens hervorbringt.

Was, wenn nur Wüste bleibt? Eine Niederlage kann so niederschmetternd sein, dass ich in aller Erfahrung, die ich darin mache, keinen Sinn erkennen kann; eine Niederlage kann so vernichtend sein, dass an dieser Stelle des Gartens auch Jahre später nichts wachsen kann. Diesen Niederlagen folgt kein Signal zum Aufbruch, kein Aufstehen, kein Neubeginn und es wachsen keine Früchte, nur Annehmen und Seinlassen sind möglich. Wüsten sind zwar harte, aber auch schöne Orte auf diesem seltsamen Planeten. Auch Wüsten sind Teil der Gesamtheit eines Menschen.

Wenn du mit Sieg und Niederlage gleichermaßen fertig wirst, dann bist du ein richtiger Mensch.

RUDYARD KIPLING

Ankunft und Rückweg
Ich habe meinen Traum erreicht

Einmal im Jahr in den Sommerferien sitzen meine Frau und ich auf einem kleinen Hügel unter einer Gruppe von Lärchen. Wir sprechen darüber, was uns für das kommende Jahr und darüber hinaus wichtig ist, welche Träume wir haben und welche Ziele wir ins Auge fassen. Wir führen darüber Buch, schon über viele Jahre protokollieren wir unsere Gedanken. Es ist immer interessant, in dem Buch zu lesen, und erstaunlich, wie genau etwas oft eingetreten ist, sobald wir es als Ziel klar ausgesprochen hatten.

Die großen drei Ziele über viele Jahre lauteten: Erstens: Wir suchen einen Ort, an dem wir wohnen und den wir Heimat nennen können. Zweitens: Wir wünschen uns ein zweites Kind. Drittens: Wir wünschen uns eine passende Arbeitsstelle.

Dann kam das Jahr, in dem alle drei Träume wahr wurden. Wir konnten ein Häuschen mitten in der Stadt mieten. Es hatte einen Rosengarten und auch andere Details, die wir in unser Buch eingetragen hatten, erfüllten sich: die Stiege zu den Schlafzimmern, der offene Kamin, der Holzboden und die Bushaltestelle in der Nähe. Manchmal scherzen wir, dass wir bei unseren Wünschen noch an einige zusätzliche Details hätten denken sollen. Zum Beispiel daran, dass zwei Menschen zugleich das Bad benutzen können. Aber das stand nicht auf unserem Wunschzettel und so ist unser Bad an Enge kaum zu übertreffen.

Ziemlich genau an dem Tag, an dem wir das Mietangebot in der Zeitung gelesen hatten, begann die Schwangerschaft unseres zweiten Kindes. Und auch in der Arbeit war ich dort angekommen, wohin ich wollte.

Es war ein langes Ringen, aber jetzt haben wir unsere Traumziele erreicht. Wir sind angekommen. Wir haben ein großes Gartenfest gefeiert, um die Freude über dieses Ankommen mit unseren Freunden zu teilen.

Träume zu erreichen ist schön, aber das Erreichen ist kurzlebig und nicht mehr als eine Station auf einem langen Weg. Unsere Einstellung zum Erreichten wandelt sich und oft erweist sich das Erreichen des Ziels nicht als das wahre Ziel. „Und was jetzt?", lautet die Frage nach der Gipfelrast. Fertigmachen zum Abstieg, denn endgültiges Bleiben ist nicht möglich. Kaum haben wir die Mitte erreicht, werden wir zum Rückweg aufgefordert. Kaum haben wir einen Kampf gewonnen, ertönt der Ruf, den Platz zu verlassen. Wenn wir meinen, die letzte Wende geschafft zu haben, liegen schon wieder neue Biegungen vor uns.

Neue Träume entstehen, neue Vorhaben und ganz allmählich verschieben sich die Prioritäten. Was dabei neu ins Blickfeld rückt, ist sehr unterschiedlich. Der eine will das Äußere einladender machen, eine andere das Innere bewusster. Für den einen geht es darum, klarer zu werden, für eine andere, milder. Die eine schickt der Weg nach dem Erreichen der Mitte zu ihrem eigentlichen Königreich, den anderen aus seinem Königreich hinaus.

Das Erreichen von Träumen kann uns lehren, dass das, was wir uns wünschen, nicht vom Erreichen großer Ziele abhängt, sondern von der beständigen Wandlung, die jedem einzelnen Schritt innewohnt. Wie Perlen aufgefädelt sind Erreichtes und Unerreichtes, Momente und Augenblicke, das Jetzt und die Zukunft, das, was wir kurz gewonnen haben, und das, was wir längst wieder loslassen mussten.

Einige Jahre sind seit dem Traumjahr vergangen und ich werde meine Arbeitsstelle wechseln. Demnächst steht ein Umzug an, weil das Haus an neue Besitzer verkauft wurde.

Die Engel Gottes sitzen auf den Bettkanten und Schränken, Gardinen und Simsen.
Der eine sagt zum anderen: „Wenn sie wissen, was sie wollen, können wir endlich helfen."
Sagt der andere: „Und dann?
„Wenn sie es geschafft haben, dann helfen wir ihnen, es wieder sein zu lassen und sich neu auf den Weg zu machen."

Kündigung
Würde- und respektvoll leben

Einen sicheren und guten Arbeitsplatz zu haben ist eines der großen Ziele im Leben. Wenn das Grundeinkommen gesichert ist, hat man freie Energie für anderes, für Freizeit und Ehrenamt, für die Gestaltung seiner Umgebung und die Pflege der Freundschaften. Unsere Gesellschaft investiert viel in eine grundlegende soziale Sicherheit. Die allermeisten Arbeitsplätze gehen nicht verloren, wenn die Stelleninhaber einmal krank sind oder eine weniger gute Phase haben. Das Gehalt kommt in großer Regelmäßigkeit einmal im Monat und der Verdienst steigert sich normalerweise im Lauf des Arbeitslebens. Die Sicherheit scheint fast selbstverständlich.

Der Wechsel eines Arbeitsplatzes gehört zu vielen Lebensreisen. Das selbstbestimmte Beenden eines Arbeitsverhältnisses kündigt sich manchmal in einer langsam wachsenden Idee an und der Wechsel zu einer neuen Arbeit erweist sich oft als bewusstes Voranschreiten, als Aufbruch, der von Freude und einem Gefühl von Kraft und Freiheit begleitet wird.

Ganz anders erleben Menschen die ungewollte und überraschende Kündigung. Auch wenn in unserer Zeit und Gesellschaft das Übereinkommen gilt, Arbeitslose in einem Notnetz aufzufangen, ist die Landung in diesem Netz schmerzhaft.

Ärger, Wut, das Empfinden von Ungerechtigkeit, aber auch Selbstzweifel und Ratlosigkeit kennzeichnen diese Erfahrung. Während man sich innerlich zurückziehen will, weiß man doch, dass gerade jetzt neuer Mut und neue Perspektiven gefragt sind. Aber es ist alles andere als einfach, in dieser Situation Luft unter den zerzausten Flügeln zu spüren.

So bedrohlich die Situation erscheinen mag, so schwer es ist, mit neuen Enttäuschungen umzugehen, werden doch – wenn auch oft noch undeutlich – erste Anzeichen der Ermutigung sichtbar. Die eigene Arbeitskraft ist immer noch Kapital, das eingesetzt werden kann. Egal, wie mager der Kontostand, egal, wie groß der Kloß im Hals – die eigene Kreativität findet Lösungen und die eigenen Hände können zupacken. Die schon oft gestellten Fragen des Lebens nach dem, was man gerne tut und gut kann, können jetzt neu formuliert werden und laden ein zu entdecken, was in der Routine der bisherigen Arbeit aus dem Blick gekommen ist.

Franz erzählt: Ich war Erzieher in einem Kinderheim. Nach der Kündigung entdeckte ich meine alte Liebe zur Gartenarbeit wieder. Jetzt bin ich angestellt in einem mobilen Garten- und Hausmeisterdienst und ich bin sehr froh, dass alles so gekommen ist.

Ilse erzählt: Ich hatte gekündigt, weil ich die Situation im Büro einfach nicht mehr aushielt. Irgendwann sagte eine Freundin zu mir: „Gott sei Dank bist du nicht mehr in dieser Firma, du bist eigentlich zu etwas Höherem berufen." Anfangs konnte ich damit wenig anfangen, ich war depressiv und entmutigt. Aber dann nahm ich das „Höhere" in den Blick und startete neu durch. Heute bin ich meiner Exkollegin, die ich damals am liebsten in die Hölle gewünscht hätte, zutiefst dankbar, dass sie mich aus dem alten Job gemobbt hat.

Das Suchen nach dem eigenen Platz ist selten so einfach, wie es in der Rückschau aussieht, und wer lange in eine Depression abtaucht oder keinen Weg zurück findet, schweigt lieber, als seine Geschichte zu erzählen.

Dennoch bleibt für alle Krisen eine entscheidende Frage: Wovon ist dein Glück, dein Selbstwert, dein Vertrauen, deine Lebensfreude letztlich abhängig?

Arbeit hat mit Würde zu tun. Für Arbeit bezahlt zu werden ist eine Form, wie wir Respekt erfahren. Respekt ist ein Teil der Würde. Trotzdem ist Geld eine Äußerlichkeit, die zwar hilfreich ist, um sich als anerkannter und respektierter Teil einer Gesellschaft zu fühlen, dennoch bestimmt nicht Geld oder ein Arbeitsplatz über Würde und Respekt. Würde kommt dem Menschen grundsätzlich zu und hängt nicht von einer zu erbringenden Leistung ab.

Arbeit gibt Würde.
Anerkennung gibt Würde.

Anerkannte Arbeit
gibt viel Würde.

Gemeinsame Freude
an gemeinsamer Arbeit
gibt weit mehr als Würde,
nämlich Glück.

Die große Krise in der Mitte
Der Weg der Liebe

Klaus erzählt von einer großen Wende in seinem Leben: Mit 42 Jahren bin ich mitten auf der Straße zusammengebrochen. Ich hatte Schmerzen in der Brust und konnte mich kaum bewegen. Der eingetroffene Notarzt tippte sofort auf Herzinfarkt und ich wurde in die Intensivstation gebracht. Nach mehrwöchigen Untersuchungen stand fest, dass ich keinen Herzinfarkt hatte. Auch ansonsten war ich ohne medizinischen Befund. Aber ich war zittrig, meine Brust wurde von seltsamen Schmerzattacken durchzogen und ich hatte große Angst, dass ich sterben muss. Ich bekam Depressionen, nahm viele Medikamente und verbrachte einige Wochen im Krankenhaus. Es dauerte über zwei Jahre, bis alle Symptome abgeklungen waren und ich wieder normal arbeiten und leben konnte.

In irgendeiner Form erleben fast alle Menschen in der Lebensmitte eine tiefe Krise, die sogenannte Midlife-Crisis. Bei manchen äußert sie sich dramatisch in der Form eines Unfalls, manche Menschen erkranken an Burnout, durchleben eine Trennung, erleiden einen Herzinfarkt oder eine ähnlich schwere Krankheit.

Andere Menschen erleben die Krise als schleichenden Prozess, aber auch steter Tropfen höhlt den Stein. Eines Morgens erwacht man und weiß: So das war's, jetzt wirst du alt. Was dein „Sich etwas Tolles Aufbauen" angeht – ab jetzt liegen die Dinge hinter dir, die bislang immer vor dir waren.

Wenn die Krise kommt, lässt sie sich weder verhindern noch planen und zunächst nur minimal steuern. Wenn sie sich ereignet, ist sie da. Es ist, als hätte sich ein Sturm zusammengebraut. Er rüttelt an allem, nichts hat mehr so viel Halt, wie es bisher schien. Meine Positionen, meine Beziehungen, meine Arbeit, alles steht infrage. Ich werde wütend, weil ich so viel versäumt habe, und verspüre Zorn auf die Menschen, die mich in meiner Rolle ausgenutzt haben. Zuerst richtet sich mein Zorn noch auf entfernte Freunde und Kollegen, aber er rückt rasch näher. Am ärgsten trifft es die, die mir am nächsten stehen. Die eigene Wut entlädt sich in gezielten Vorwürfen an die engste Familie.

Aber mitten im Sturm ist immer wieder die gleiche Stimme zu vernehmen: Es ist Zeit, etwas zu lernen, was du vor dir hergeschoben hast. Es ist Zeit, Fragen zu stellen, die du ignoriert hast.

Die Krise fordert dazu heraus, Schritt für Schritt durch den Sturm zu gehen. Es liegt die Aufforderung in der Luft, sich einer um der anderen Lektion anzuvertrauen, sich zu verändern, neue Perspektiven zu gewinnen, neue äußere, innere und spirituelle Wege zu beschreiten und am Ende herauszukommen aus einer großen Wendung des Lebens.

Die Fragen, die das Leben jetzt stellt und denen ich mich stellen muss, lauten: Was ist wirklich das Deine? Worin stimmst du mit dir wirklich überein? Was willst du am liebsten tun? In welche Richtung soll es jetzt weitergehen? Was ist dein Weg? In so vielen Bereichen habe ich mich arrangiert, habe ich mich und andere in eine bestimmte Richtung geleitet. Eine Krise ist die Aufforderung, die Schnur aufzuknüpfen, neu zu binden und neu auszulegen. Es ist Zeit, sich von Freundschaften, Seilschaften und Beziehungsnetzen zu verabschieden, damit ich eine neue Richtung, neue Verbindungen, eine neue Spur aufnehmen kann. Auch alte Projekte, von denen ich lange Zeit angenommen habe, ich würde sie immer weiterführen, gilt es jetzt zu beenden, damit der Raum frei wird für Neues. Das Leben ändert sich und mit dem Älterwerden verschieben sich die Aufgaben und die Blickwinkel. Die Krise fordert auf, diese Veränderungen zu akzeptieren und sich Rechenschaft zu geben.

Eine der wichtigsten Fragen der Midlife-Crisis lautet: Was ist wirklich wichtig? Viele Menschen erkennen neu die Bedeutung der Familie und wollen ihr mehr Zeit, Zuwendung und Aufmerksamkeit geben. Andere denken an Freundschaften, die sie sehr schätzen, aber kaum gepflegt haben. Fast alle Menschen kommen zu der Einsicht, dass sie dem eigenen Körper und der eigenen Seele etwas schuldig sind, nämlich Zeit, Aufmerksamkeit und Zuwendung. Für den nächsten Abschnitt der Lebensreise muss der Rucksack neu gepackt werden. Er enthält jetzt auch Dinge, die man bislang für entbehrlich gehalten hat.

Manche Menschen gehen auf Pilgerfahrt oder treten einem Chor bei, buchen ein Theaterabonnement oder beginnen eine Zusatzausbildung, weiten die Morgengymnastik aus oder widmen sich einer neuen Sportart. Andere Veränderungen sind weit tiefgreifender.

„Die Krise der Lebensmitte ist eine der großen Segnungen des Universums, weil sie eine Aufforderung ist, den Weg der Liebe entschlossen zu beschreiten." „In der ersten Hälfte des Lebens wird man eingeladen, Großes in den Blick zu nehmen, in der zweiten Lebenshälfte, Wesentliches."

Solche neunmalklugen Weisheiten wollen wir mitten im Sturm nicht hören, aber wenn wir den Sturm überstanden haben, erkennen wir, dass sie so schlecht nicht sind.

Reiter,
vom Pferd wirst du geworfen,
blind bist du,
bis deine Augen neu geöffnet werden.

Reiterin,
aufs Pferd wirst du gehoben,
schwach bist du,
bis du die Zügel nimmst.

Kontrollverlust
Der kalte Fleck im Herzen

Ich habe mein Leben im Großen und Ganzen gut geordnet. Ich habe eine wunderbare Familie, treue Freunde und wohne in einem schönen Haus. Ich habe eine Arbeit, die mir Freude macht, ich bin gesund, voller Ideen und erlebe mich selbst als angenehmen und geschätzten Zeitgenossen, der seinen Weg zu gehen vermag.

Unser Haus ist schlecht isoliert und in den Wintermonaten, wenn ich auf unserer Couch sitze, die an einer Außenmauer steht, spüre ich manchmal, wie die Kälte von der Wand kriecht und nach meinen Füßen und meinen Nacken greift. Meistens wechsle ich dann meinen Platz zum Ofen hin. Da sitze ich nun mit kalten Füßen und heißem Gesicht vor dem Feuer im offenen Kamin und spüre den Windungen und Strömungen in meinem Inneren nach.

Und auf einmal finde ich die gleiche Kälte auch dort wieder. Ich spüre die bittere Enttäuschung über Freunde, die mich ausgenutzt haben. Ich spüre die Wut über das Unvermögen anderer, treu zu sein und Wort zu halten. Ich spüre die Enttäuschung über Versprechen, die keine waren, und Hoffnungen, die wie Staub zerronnen sind. Ich beklage, dass Möglichkeiten groß ausgesehen haben und in ihrer realen Winzigkeit erbärmlich sind.

Ich zeige mit dem Finger auf die anderen und trotzdem dröhnt aus dem inneren Sturm eine Stimme: Dein Zorn, deine Hilflosigkeit, deine ungenutzten Chancen – du selbst bist es, der so ist, nicht die anderen.

Ich sitze in meiner eigenen Kälte, meiner eigenen Wut und suche verzweifelt nach Werkzeugen, sie zu verjagen, und finde keine. So lange hatte ich gute Worte und Gedanken zur Kontrolle, aber jetzt scheint alle Großzügigkeit und Versöhnlichkeit unauffindbar. Verfluchungen formen sich in meinem Inneren und in meinen Gedanken. Mir ist das Bild, das ich sein will, entglitten. Mein fröhliches inneres

Kind ist verstummt und ich kann mich meiner selbst nicht wehren. Alle Mechanismen, sich dem Gift zu entziehen, sind wirkungslos. Ich kann nur mehr eingestehen, dass ich die Kontrolle über mein eigenes Gutsein verloren habe.

Ich kann nichts tun, als all meine Energie darauf zu konzentrieren, jetzt nicht zu handeln, denn das Ergebnis kann nur Scham sein, Scham über den grausigen Schatten meiner selbst. Ich kann nur beten, dass eine größere Kraft außerhalb meiner selbst mich durch dieses finstere Tal trägt und es auf geheimnisvolle Art in diese Wüste regnen lässt.

Ich danke dem Schlaf, der schon manches gemildert hat. Ich danke dem Rhythmus des Lebens, der Neuanfänge erlaubt.

Ich danke der unendlich fordernden Kraft, die es mir nicht durchgehen lässt, den einfachen Weg zu beschreiten, und die mir zumutet, Liebe zu lernen. Liebe ist kein Spiel, kein Gefühl, nichts, das man irgendwo im kleinen Finger hätte, sondern eine Herausforderung, die jedes Organ und jeden Gedanken durchdringt und spricht:

Du bist es, der weitergehen muss.

Du bist es, der vertrauen kann.

Du bist es, der geliebt wird,

auch dann, wenn dir alles entgleitet.

Die Realität zu akzeptieren heißt, ihr zu vergeben, dass sie so ist, wie sie ist.

RICHARD ROHR

Burnout
Feuer hinterlässt Asche

Christian erzählt: Mit einem unbändigen Idealismus habe ich eine soziale Einrichtung mitgegründet. Es musste eine besondere Einrichtung sein, die sich dadurch auszeichnete, dass sie mehr leistet als alle anderen. Das Angebot sollte Qualität bieten und für alle bezahlbar sein. Nebenbei sollten Schulung und Öffentlichkeitsarbeit nicht zu kurz kommen. Da die eigene Bezahlung weit unter dem Üblichen lag, musste ich noch einen zweiten Beruf ausüben, um genug Geld zu verdienen. Erst als ein Freund mich nach einem Gespräch einmal anschaute und sagte: „Das ist ja reinste Selbstausbeutung", begann ich zu hinterfragen, was ich tat. Aber es war zu spät, ich war mitten drin in einer Überforderung und konnte nicht mehr aufhören. Die Müdigkeit und das Ausgelaugtsein hielt ich für eine normale Begleiterscheinung des Einsatzes aller Fleißigen. Als dann der Punkt erreicht war, an dem der Körper und die Seele das eindeutige Signal gaben, nicht mehr zu können, und ich den sprichwörtlichen Ruck des Teppichs unter den Füßen spürte, musste ich mir meinen Burnout eingestehen, selbst wenn ich der ärztlichen Diagnose kaum glauben konnte: vollständiger psychischer Zusammenbruch.

Wer ein großes Feuer anzündet, darf sich nicht über einen großen Aschehaufen wundern. Das Feuer fällt allmählich zusammen, wird langsam kleiner, um dann mit einem Schlag zu verlöschen. Es nutzt nichts, in die Glutreste hineinzublasen, damit wirbelt man nur Asche auf. Burnout ist das Ende des Feuers, es ist ausgebrannt. Burnout ist die ultimative Aufforderung, sein Leben neu zu ordnen, Fragen zu stellen, die zurückgestellt waren.

In einer ersten Reaktion will der Ausgebrannte die Schuldigen ausmachen, den Zorn loswerden und die Enttäuschung darüber, dass er es selbst so weit hat kommen lassen. Aber Bitterkeit gleicht nassem Holz. Die Wut ist notwendig, aber dabei stehen zu bleiben hilft nicht weiter. Es ist Zeit, den Feuerplatz zu verlassen, in den Wald zu gehen und Holz zu sammeln. Es ist Zeit, loszulassen, auf sich selbst zu schauen und gutes und trockenes Holz zu suchen. Daraus kann ein neues Feuer emporlodern, vielleicht lässt sich auch das alte Feuer neu entfachen – nicht mehr als jähes Riesenfeuer, das wieder schnell in sich zusammenfällt, sondern als gute, wärmende Glut.

Mehr Vertrauen, mehr Verantwortungs- und Aufgabenverteilung, mehr Miteinander, mehr Lohn, weniger Programm, weniger Tempo und mehr Mut zur Lücke. Ich darf lernen, darauf zu vertrauen, dass das Holz brennt, und muss nicht beständig nachlegen. Und ich darf lernen, geduldig zu sein, denn noch ist meine Stimme brüchig und das Lied, das ich am Feuer gesungen habe, erklingt erst langsam wieder.

Ein Neuanfang ist ohne ehrliche Betrachtung seiner selbst nicht möglich. Ein guter Rat für den Anfang: Geh spazieren. Gehen, das heißt in diesem Fall, wegzugehen von allem, was zu tun wäre, und sich hineinzustellen in eine Natur, die Vorbild ist an Langsamkeit und Geduld und deren Teil ich bin.

Professionelle Unterstützung hilft dabei, einen guten Blick auf sich selbst, die eigenen Muster, Grenzen und Gaben zu bekommen. Sich mit den eigenen Möglichkeiten und Fähigkeiten zu identifizieren trägt dazu bei, mit sich selbst ins Reine zu kommen.

Die Arbeit an der eigenen Authentizität erfordert in regelmäßigen Abständen eine Inspektion und manchmal auch eine Generalüberholung. Eine Generalüberholung braucht Zeit. Kommunikativer, gelassener und selbstbejahender wird man nicht im Schnelldurchlauf.

Um Klarheit für die Zukunft zu gewinnen, sind Gespräche unabdingbar. Im Reden gewinnen meine Gedanken und Gefühle Gestalt. Indem sie ausgesprochen werden, werden sie geformt; indem sie geformt werden, werden sie konkret. Konkretion ermöglicht Entscheidungen.

Arbeit und Verantwortung abzugeben ist nie leicht, gerade für Menschen, die gewohnt sind, Verantwortung zu übernehmen, und zu Überverantwortung neigen. Nur so aber lässt sich ein neuer Burnout vermeiden.

Wenn die Flammen erloschen sind,
wird aus Kämpfen Ermutigen,
aus Vorausziehen Rückendeckung,
aus Wissen Weisheit,
aus Kraft Milde.

Die Asche ist die Geburtstätte
der Großväter und Großmütter.

Glanzlichter
Feste feiern

Feste spielen in jedem Leben eine wichtige Rolle. Der Rhythmus des Jahres gibt Geburtstage und Weihnachten als feststehende Feste vor und lädt mit Fasching, Ostern, Erntedank und anderen Feiertagen immer wieder zu Pausen ein. Feste haben etwas mit Würze zu tun, mit Musik und Freude, mit Freundschaften und unserem Gespür, dass es immer auch etwas zu feiern gibt. Feste sind Zeiten des Schenkens, des Gebens, der Freude an der Freude der anderen. Geschenke sind Ausdruck von Wertschätzung und dem Wunsch, das Miteinander zu erleben.

Burghard erzählt: Feste sind für mich immer wichtig gewesen und ich wollte einmal so richtig aus dem Vollen schöpfen. Deshalb beschloss ich an meinem 40. Geburtstag, in Zukunft regelmäßig eine bestimmte Summe zur Seite zu legen. Damit wollte ich zu meinem Fünfzigsten zu einem großen Gartenfest einladen, auf dem eine Liveband spielen und ein professioneller Service für das leibliche Wohl sorgen sollten. Nachdem ich unerwartet ein Jahr vor dem Fünfzigsten noch zusätzlich etwas Geld geschenkt bekam, beschloss ich, das Fest in Griechenland zu feiern. Ich charterte ein Flugzeug und lud meine Familie und Freunde für drei Tage nach Kefalonia ein. Es gab zwei Abende lang griechische Musik und Tänze und fantastisches Essen. Jeder sagte, ich sei verrückt, aber alle, die dabei waren, haben dieses Fest in wunderbarer Erinnerung und für mich gehört es zu den schönsten Erlebnissen meines Lebens.

Christa teilte ihren Freundinnen mit, dass sie sich zum 60. Geburtstag keine Geschenke mehr wünsche. Sie habe gerade alle alten Vasen entsorgt und brauche weder Blumen noch sonst etwas. „Das geht aber nicht", sagten ihre engsten Freundinnen, „wir wollen dir etwas schenken und bitten dich, uns zu lassen. Du kannst uns gerne einen Hinweis geben, was dich freuen würde, ansonsten schenken wir, was wir meinen." Christa begann zu überlegen und schließlich wurde ihr klar, dass sie sich ein eigenes Blumenlabyrinth wünschte. Es fand sich ein geeignetes Grundstück und die Freundinnen stellten sich mit einer ganzen Wagenladung Lavendelpflanzen zum Geburtstag ein. Christas Lavendellabyrinth zählt heute zu einem der schönsten Labyrinthe Mitteldeutschlands (www.christa-wendling.de).

Feiern ist Liturgie des Lebens. In jedem Fest läuft auf immer gleiche Weise eine bestimmte Ordnung ab. Diese Ordnungen geben Heimat und die Geborgenheit im Miteinander-da-Sein. In diesen Ordnungen sind Gesten, Zärtlichkeiten, Wohlwollen, Worte möglich, die sonst schwerer fallen. Im Gestalten des Besonderen – Essen, Kleidung, Symbole und Dekoration – wird das Schöne geweckt. Menschen kommen zusammen, die sich sonst nur vereinzelt treffen, und manche Kontakte lassen sich nur über Feste halten.

Feste sind Inseln der Erinnerung, ihre Besonderheit bleibt im Gedächtnis und manche Aktionen, die man aus Anlass eines Festes auf die Beine gestellt hat, bilden die Grundlage für immer wieder erzählte Geschichten und Familienmythen.

Feiern sind Hoch-Zeiten im Lebenslauf und bedeutender Teil dessen, was wir im Laufe des Lebens investieren. Meist sind es gute Investitionen, die unsere Großzügigkeit verdienen, weil die Freude, die Begegnungen und Erinnerungen durch Feste sich lohnen.

Nicht umsonst heißt es in der Bibel, dass wir einen Teil des Zehnten unseres Einkommens, der Gott gebührt, für die Armen und den anderen Teil für Feste ausgeben sollen (5. Mose 14,22-26).

Ein Leben ohne Feste ist wie ein Weg ohne Einkehr.

DEMOKRIT

Scheidung
Lass mich gehen

Bärbel erzählt: Unsere Beziehung stürzte in die Krise und uns fehlte das gemeinsame Grundverständnis, dass die Krise uns beide betrifft. Mir ging es schlecht und für meinen Partner war alles in Ordnung. Die Übereinstimmung in für mich wesentlichen Punkten war nicht gegeben und ich hatte immer mehr das Gefühl, in einem inneren und äußeren Käfig eingesperrt zu sein. Ich wurde immer frustrierter und konnte nicht aufhören, meine Energie in Streit zu erschöpfen. Wir lebten zusammen und gerieten doch immer weiter auseinander. Ich wollte meinen Kindern keine heile Welt vorspielen; Ehrlichkeit ist mir wichtiger als scheinbare Harmonie. Eine Eheberatung hat geholfen, Verschiedenes objektiver zu sehen. Als die Frage nach einem Neuanfang anstand, habe ich erkannt, dass ich die Beziehung selbst nicht mehr fortsetzen wollte. Die Energie für eine wirklich gelingende Zukunft war nicht mehr vorhanden.

Es gibt Beziehungen, die die gegenseitige Entwicklung verhindern und blockieren. Manche Ehen haben gut begonnen und sind festgefahren in Vorwürfen, Nörgeleien, stickiger Enge und Schlimmerem. Scheidungen können eine Befreiung sein.

Beziehungen enden aus vielerlei Gründen: Sie sind übereilt geschlossen und bewähren sich im Alltag nicht; sie sind nicht tragfähig für die Belastung durch Kinder; sie scheitern daran, dass sich einer der Eheleute einem anderen Partner zuwendet. Und manche Beziehungen sind ohne irgendwelche dramatischen Ereignisse einfach zu Ende. Es kommt ein Tag, an dem klar wird, dass man getrennte Wege gehen will und muss. Meist ist das für die eine Seite einsichtiger und leichter und die Gefühle der Enttäuschung, der Empfindung, einander etwas schuldig zu sein, des Grolls und der Trauer sind ungleich verteilt.

Keine Scheidung ist einfach und oft wird erst mit der Zeit deutlich, welcher Preis zu zahlen ist, wie viel Schmerz und Kampf, wie viel Ringen die Trennung erfordert, wie viel Verantwortung mit einer Beziehung verbunden ist – auch dann, wenn sie misslingt.

Gemeinsam alt zu werden ist ein Geschenk. Und es ist ein hohes Gut, das viel Engagement, viel Geduld erfordert und viele Kompromisse rechtfertigt. Der gemeinsame Weg schließt gemeinsame Erfahrungen, gemeinsam durchlebte Krisen, gemeinsame Grundhaltungen ein, aber auch unabhängige Erfahrungen, Veränderungen, die nur der eine durchmacht und der andere nicht. Immer wieder geschieht es, dass für den einen etwas wesentlich Neues beginnt, für den anderen aber alles gleich bleibt.

Daraus entsteht Spannung. Diese Spannung kann das Gefühl für das Gemeinsame nachhaltig verändern und infrage stellen. Aber ein wirklich mit Wohlwollen und Solidarität, Respekt und Zuneigung gemeinsam gegangener Weg lässt Veränderung und Warten auf Veränderung zu. Wenn Menschen gemeinsam ein Labyrinth begehen, führen ihre Wege sie manchmal weit auseinander und es kann oft einige Zeit dauern, bis sie sich wieder treffen. Wenn sie dann nicht aneinander vorbei gehen, sondern sich wirklich begegnen, hat die alte Beziehung eine neue Qualität gewonnen, die mit dem Beginnen einer neuen Beziehung lange nicht erreicht wird.

Aber die Hoffnung auf ein neues Zusammenfinden, das immer erneute Ringen um das gute gemeinsame Altwerden hat zu Recht auch Grenzen. Manche Scheidungen gehören zu den besten Entscheidungen, die Menschen treffen. Diese Entscheidung kann man niemandem abnehmen. Ratschläge können nur selten helfen. Die Entscheidung, sich zu trennen, ist so grundlegend wie die Entscheidung zu heiraten. Nur aus dem tiefsten Inneren kann dieser Entschluss reifen. Nur in der eigenen Verantwortung kann ein Mensch entscheiden, einen gemeinsamen Weg zu beenden. Und auch eine letzte Ungewissheit darf dazu gehören. So ist das Leben und wir schulden ihm in allen Teilen unseren Respekt.

Das Leben lädt ein, die guten Erinnerungen zu beschützen, das Misslungene zu betrauern, über dem, was man sich selbst und anderen schuldig geblieben ist, Güte walten zu lassen, Verurteilungen aufzuheben, aus Fehlern zu lernen, das Verlorene zu verabschieden und das Neue willkommen zu heißen.

Du hörst mich nicht,
du siehst mich nicht,
du lässt mich nicht.

Du gibst mir den Raum nicht, der Mensch zu sein,
der ich bin und der aber noch nicht ganz erschienen ist
und der ich werden muss.

Ich bin dir für das Gute, das du mir erwiesen hast, für immer
dankbar.
Ich weiß, dass wir einander viel schuldig geblieben sind.
Ich dir vielleicht mehr als du mir.

Ich muss gehen, denn wenn ich stehen bleibe, verkümmere ich.
Ich kann nicht jemandem anderen treu sein, wenn ich es mir
nicht bin.

Berufswechsel
Alles hat seine Zeit

Eine große Veränderung in meinem Leben begann, als meine 18-jährige Tochter zum Studieren in eine andere Stadt zog, erzählt Ursula. Da war mir klar, dass auch für mich etwas Neues beginnen musste. Mein Leben ist ziemlich klassisch verlaufen. Ich habe eine Lehre absolviert und begonnen zu arbeiten. Mit 25 Jahren habe ich geheiratet. Bald kamen drei Kinder und wir bauten ein Haus. Für die nächsten 20 Jahre gab es genug Arbeit für mich. Ich war mit den Planungen zu meinem 50. Geburtstag beschäftigt, als mir eine Freundin von ihrer Ausbildung zur Heilpraktikerin erzählte und am Schluss fragte: „Und wozu hast du Lust in den nächsten 20 Jahren?" Ich hatte darüber nie wirklich nachgedacht und begann zunächst, ohne mit irgendjemandem darüber zu sprechen, meine Interessen zu erkunden. Als ich in der Zeitung las, dass der Seniorchef der Firma, in der ich gearbeitet hatte, keinen Nachfolger finden konnte und das Geschäft schließen wollte, wurde mir klar: Genau das interessiert mich. Doch wie viel Verantwortung habe ich für meine Kinder, wie lange brauchen sie mich noch? Wie kann ich sie loslassen und was wird mein Mann dazu sagen? Was halten meine Freundinnen davon und traue ich mir wirklich zu, eine Firma zu übernehmen? Diese Fragen bedrängten mich immer wieder. Doch meine Familie und mein Umfeld sprachen mir Mut zu und einige Monate später übernahm ich die Firma und leite sie seit einigen Jahren mit wechselndem Erfolg, aber mit großer Freude.

Im Wechsel der Jahreszeiten zeigen sich immer wieder faszinierende Beispiele des Wartens, Hervorbrechens, Aufgehens, Fruchttragens und Zurückziehens. Auch im menschlichen Leben gibt es unterschiedliche „Jahreszeiten". In manchen Phasen bestimmen vor allem äußere Rahmenbedingungen die Entfaltung des Lebens, zu anderen

Zeiten haben individuelle Ziele und Entscheidungen größeres Gewicht.

Rahmenbedingungen und eigene Ziele bestimmen auch
das Berufsleben. Aufbau, Karriere, neue berufliche Stationen und Sicherung des Erreichten – so sehen oft die beruflichen „Jahreszeiten" aus. Doch auch diese Jahreszeiten
kennen Unwetter und Stürme, Verlust des Arbeitsplatzes,
Arbeitslosigkeit, Krankheit, die Notwendigkeit, sich neu
zu orientieren. Und längst nicht jede berufliche Laufbahn
endet mit sichtbarem Erfolg.

Nicht allein äußere Umstände können eine Neuorientierung erfordern, sondern häufig – vor allem ab der Lebensmitte – stellt sich nicht mehr überhörbar die Frage:
Was ist mein Weg, was ist meine Berufung, was mache ich
gerne, was soll in meinem Leben noch kommen? Was will
ich erreichen, wofür will ich mich noch einsetzen? Ist das
in meiner bisherigen beruflichen Tätigkeit möglich oder
lassen sich meine Ziele nur durch einen Berufswechsel ver-
wirklichen? Bedeutet ein solcher Wechsel eine Akzentver-
schiebung, beispielsweise durch die Wahl einer anderen
Arbeitsstelle oder die Übernahme neuer Aufgaben, oder
macht der Wechsel auch einen inhaltlichen Neubeginn nötig und muss ich dazu noch einmal ganz von vorne beginnen, indem ich mich etwa einer gänzlich anderen Tätigkeit
zuwende?

Frauen scheinen diese Neuorientierung flexibler ange-
hen zu können als Männer, die sich häufig nur auf den ge-
radlinigen Weg konzentrieren und ohne links und rechts
zu sehen Sprosse um Sprosse die Karriereleiter erklimmen
wollen. Vermutlich hängt das damit zusammen, dass Frau-
en nicht ausschließlich in eigenen Zielkategorien denken,
sondern für sie die Einbindung in die Beziehungen der Ar-
beitswelt einen hohen Stellenwert hat. Die Fähigkeit, ihren
Platz in einem größeren Zusammenhang zu finden, erlaubt
ihnen leichter als Männern, sich auch weitergehend – auch
durch einen Berufswechsel – neu zu orientieren.

Selbst wenn die traditionelle Rollenverteilung in der

Familie mit dem Mann als Berufstätigem und der Frau als Hausfrau und Mutter sich seit einigen Jahrzehnten zu wandeln begonnen hat, ist es auch heute noch in der Regel die Frau, die ihre berufliche Entwicklung zugunsten der Kinder zurückstellt. Das Wohl der Kinder und die berufliche Karriere des Mannes bekommen den Vortritt vor der eigenen beruflichen Entwicklung. Etwa ab der Lebensmitte bietet sich meist die Chance für die Frau, selbst in die Welt hinaus aufzubrechen und persönliche Herausforderungen und Erfolge in den Blick zu nehmen. Manchen Männern bereitet es Unbehagen zu sehen, mit welcher Entschiedenheit Frauen sich auf den Weg machen können. Statt in dem Gefühl, zurückgesetzt und infrage gestellt zu sein, zu beharren, gilt es in dieser Phase für Männer, nun ihrerseits den beruflichen Aufbruch ihrer Partnerin aktiv zu unterstützen.

Wie in allen größeren Wendungen sind Sorge, Befürchtung, Unsicherheit und das Gefühl, die Aufgabe möglicherweise nicht zu bewältigen, auch bei einem Berufswechsel oder einem beruflichen Neuanfang zu Beginn die treuesten Begleiter. Wandlung ist nie einfach und alles Neue bedeutet Verlust des Alten. Manche Verluste können Erleichterungen sein, andere hinterlassen schmerzhafte Spuren. Aus einer anerkannten Rolle herauszutreten ist für niemanden leicht. Den inneren zur Entfaltung drängenden Kräften zu vertrauen, die die Wandlung ankündigen und herbeiwünschen, gleicht dem Ausstreuen eines Samens. Es bleibt immer ungewiss, ob der Same aufgeht. Auch wenn die Natur sich in jedem Frühling kraftvoll Bahn bricht und manche Blume im Spätherbst aus einem scheinbar dürren Zweig aufblüht, wissen wir doch, dass nicht jeder Same treibt und nicht jeder Schössling Platz zum Leben findet.

Manches braucht besonders viel Geduld, lange Phasen der Vorbereitung und auch die Ausdauer zu mehreren Anläufen. Wenn die Wendung an Deutlichkeit gewinnt, wenn die Zeit reif ist, wenn die Rahmenbedingungen klarer geworden sind, wenn das aus dem Samenkorn keimende Leben sichtbar wird, dann treten die Befürchtungen zurück und die Freude über das Neue gewinnt den Raum, den es zur Entfaltung braucht.

Alles hat seine Zeit.

Die Welt verändern
und sich verändern.

Das Sichtbare
und das Unsichtbare tun.

Am Fundament bauen
und das Dach aufsetzen.

Die Rollen definieren
und das Leben umstellen.

Alles hat seine Zeit.

Die guten Kämpfe
Exzellenz heißt auswählen

Vieles im Leben zieht und zerrt an uns, zahlreiche Ansprüche fordern Aufmerksamkeit. Manchmal besteht das Leben nur noch daraus, die verschiedenen Anforderungen im Gleichgewicht zu halten, einmal hier, einmal da zu reagieren und möglichst viele Eisen im Feuer zu haben. Sofern überhaupt Zeit für den Gedanken bleibt, frage ich mich gelegentlich, wo ich selbst eigentlich in dem ganzen Knäuel geblieben bin.

Zwei Lebensphasen scheinen besonders von Klarheit gekennzeichnet: die Zeit in und kurz nach der Pubertät und die Zeit im Herbst des Lebens zwischen 50 und 60.

Jugendliche können sehr genau ausdrücken, was sie wollen und was sie denken, selbst wenn manche Gedanken für Erwachsene manchmal noch verschwommen und unreflektiert erscheinen. Auffallend deutlich artikulieren sie Ja und Nein in oft erfrischender Direktheit. Jugendliche wissen oft sehr genau, wo sie sich zugehörig fühlen und wo nicht.

Es folgt eine meist lange Zeit, in der der Mensch versucht, möglichst viel in Balance zu halten. Doch irgendwann, meist als Konsequenz einer Krise, kommt der Punkt, an dem man zu größerer Klarheit und Eindeutigkeit bereit ist und beginnt, Überflüssiges und nicht mehr Passendes hinter sich zu lassen.

Ohne Aufhebens kann ich Positionen aufgeben, die nur mühsam oder nicht mehr zu halten sind, und ohne schlechtes Gewissen vertrete ich Entscheidungen und Positionen klar und deutlich. Es ist Zeit, nicht mehr für andere zu denken, sondern für mich. Wenn andere nicht wissen, was sie wollen, mache ich das nicht zu meinem Problem, und wenn sie es wissen, begegne ich ihnen mit allem Respekt. Es sind gute Kämpfe, die ich in dieser Weise austrage. Ich trickse und stichele nicht. Ich versuche nicht, andere in eine bestimmte Richtung zu lenken oder meine Meinung so zuzubereiten, dass sie möglichst vielen schmeckt.

Ich bemühe mich herauszufinden, was ich selbst wirklich will. Dieses Ziel ist wesentlich, es entspricht meinem innerstes Wesen. Leben heißt nicht mehr, möglichst viel zu erleben, sondern auszuwählen und wegzulassen, um wenig, aber Gutes zu gewinnen. Dafür bin ich bereit zu kämpfen und einzustehen. Bei diesem Kampf gilt es, vor allem eines zu gewinnen: mich selbst.

Martin sagt: Eine wichtige Wendung in meinem Leben war die Entscheidung, das zu tun, was ich tun will, und nicht mehr die beste Lösung zu suchen, sondern meine beste Lösung. Dadurch bin ich viel ehrlicher geworden und ich war oft erstaunt, wie positiv meine Umgebung auf diese innere Entwicklung reagiert hat.

Weisheit ist die wunderbare Hingabe an die Dinge, die mir passen.

Hanna-Barbara Gerl-Falkovitz

Amtsübergabe
Versöhnt zurücktreten

Wenn man sich aufmacht auf einen Weg, einer Idee folgt, eine Ausbildung beginnt oder ein Projekt entwirft, dann meist aus einer sehr persönlichen inneren Kraft und Überzeugung. Doch nachdem der Zauber des Anfangs verflogen ist, stellen sich grundsätzliche Fragen: Willst du das wirklich? Ist die Sache die Kosten wert? Ist das wirklich deine Aufgabe, deine Geschichte, dein Herzblut?

Selbst wichtige Vorhaben werden irgendwann fraglich und man ist bereit, ein mögliches Scheitern zu bedenken. Entscheidet man sich dafür, Widerstände zu überwinden und das Ziel weiterzuverfolgen, selbst wenn es nicht mehr mit der anfänglichen Klarheit vor Augen steht, erweist sich die Zeit des Zweifels manchmal sogar als Bestärkung.

Nach diesem ersten Klärungsprozess kommt es gar nicht selten vor, dass das persönliche Vorhaben auf eine breitere Basis gestellt wird. Die Umgebung wird aufmerksam und ist oft bereit, den ursprünglich individuellen Plänen eine äußere Form zu geben. Da wird einer von einer Gruppe offiziell mit der Aufgabe betraut, es findet sich eine Anstellung oder ein Posten, jemand wird Projektkoordinator oder Obfrau oder es eröffnet sich eine andere Möglichkeit, in deren Rahmen das Projekt verwirklicht werden kann. Jede Gruppe, Gemeinschaft oder Gesellschaft gibt sich ein Ordnungsraster an Ämtern und Funktionen, die Möglichkeiten und Entfaltungsräume bereitstellen. Die ersten Schritte muss ein Mensch aus innerem Antrieb gehen. Ist sein Weg gangbar, beschützt häufig ein Amt den weiteren Fortgang. Manchmal hält auch eine Gruppe Ausschau nach einer geeigneten Person für eine bestimmte Aufgabe und spricht die Einladung zu einem Amt aus.

Ein Amt gleicht einem Schutzmantel für Träume. Es gibt einen sicheren Rahmen für das Vorhaben und verleiht dem Inhaber Würde und Respekt. Die Sicherheit und Anerkennung eines Amtes haben deshalb auch etwas Verführerisches. Es ist nicht leicht, ein Amt wieder abzugeben, und wohl auch deshalb fällt es Menschen schwer zu erkennen, wann die Zeit dazu gekommen ist.

Ich war zehn Jahre Obmann eines Vereines, der eine Privatschule aufgebaut hat. Ich kann andere begeistern, ich kann in der ersten Reihe gehen, ich kann träumen und ich weiß, was nötig ist, damit Vorhaben nicht nur Träume bleiben. Ich kann verschiedenste Menschen integrieren und darauf achten, dass alle an einem Strang ziehen. Aber kann ich auch konsolidieren? Oft habe ich gemerkt, dass ein Konflikt für mich das größere Problem war als für diejenigen, die er betraf. Zunehmend konnte ich mir eingestehen, wie ich langsam verbissener und ärgerlicher wurde, wenn etwas nicht funktionierte. Schließlich tauchte jemand auf, der andere Gaben hatte als ich, Gaben zur Konsolidierung und des Konfliktmanagements, und ich wusste, dass für mich die Zeit gekommen war, mein Amt zurückzugeben.

Ein Amt abzugeben bedeutet, in die Unsicherheit zurückzukehren, den Schutzmantel abzulegen, der manches einfacher gemacht hat. Ein selbstverständlicher Fluss von Anerkennung versiegt. Neuland muss erst beschritten werden. Auf den neuen Wegen muss ich wieder mit Kritik und Zweifeln leben, mit denen jeder Anfänger konfrontiert ist. Es gibt Tage, da sehne ich mich zurück zu den Zeiten, als ich noch in Amt und Würden war.

Zu den grundlegenden Fehlern im Labyrinth des Lebens gehört, Wendungen, die vor einem liegen, zu verweigern.

Ich habe oft gehört: Er wird sich mit allen Mitteln an die Macht klammern, er wird sie niemandem übergeben. Ich habe dennoch eine andere Entscheidung getroffen. Ich gehe. Ich gehe vor der Zeit. Ich habe verstanden, dass ich es tun muss. Russland muss in das neue Jahrtausend eintreten mit neuen Politikern, mit neuen Gesichtern, mit neuen intelligenten, starken und energischen Menschen. Und wir, diejenigen, die

*bereits seit Langem an der Macht sind, müssen gehen. Nach-
dem ich gesehen habe, mit welcher Hoffnung und welchem
Glauben die Menschen bei der Dumawahl für eine neue Politi-
kergeneration stimmten, habe ich verstanden, dass ich das
Wichtigste in meinem Leben erfüllt habe. Russland wird nie
wieder in die Vergangenheit zurückkehren.*

*Heute, an diesem für mich so wichtigen Tag, möchte ich ein
wenig mehr persönliche Worte sagen als gewöhnlich. Ich
möchte Sie um Verzeihung bitten. Dafür, dass viele unserer
Hoffnungen sich nicht verwirklicht haben. Für alles, was uns
einfach erschien und was sich als qualvoll und schwierig he-
rausgestellt hat. Ich bitte Sie um Verzeihung dafür, dass ich
den Hoffnungen derjenigen nicht entsprochen habe, die
glaubten, wir könnten auf einen Schlag, mit einem Satz aus
dem grauen, totalitären Stillstand der Vergangenheit in eine
lichte, reiche und zivilisierte Zukunft springen. Ich habe selbst
daran geglaubt.*

*Ich gehe. Ich habe alles getan, was ich tun konnte. Mir folgt
eine neue Generation, die mehr und Besseres leisten wird.*

AUS DER RÜCKTRITTSREDE DES ERSTEN DEMOKRATISCH GEWÄHLTEN
PRÄSIDENTEN RUSSLANDS, BORIS JELZIN (1991–1999)

Endpunkte
Etwas Gutes beschließen

Vor kurzem habe ich noch mit Helge telefoniert wegen eines Engagements für ein Konzert im neuen Jahr. In seinem Brief, den ich einige Wochen später aus dem Postkasten nehme, erwarte ich seine Terminvorschläge. Völlig überrascht lese ich, dass seine Band nicht mehr besteht und die Zusammenarbeit nach 15 erfolgreichen Jahren beendet ist. Er schreibt von einer wunderbaren Zeit, unvergesslichen Erlebnissen und besonderen Höhepunkten. Es gab keinen Streit, keinen Groll, nicht einmal ein Auseinanderleben, einfach nur einen fortschreitenden Weg, der auch Gutes hinter sich lassen muss.

Gutes möchte man fortschreiben, am liebsten in alle Ewigkeit. Aber jede noch so gute Band gibt ihr Abschiedskonzert, jede Arbeit ist irgendwann abgeschlossen. Gerade dann aufzuhören, wenn es eigentlich noch möglich wäre weiterzumachen, das Schöne zu bewahren und dankbar zurückzublicken, mutig die gefüllte Hand zu öffnen und die leere hochzuhalten – das ist nie leicht.

Wenigstens das Erbe soll gewahrt, der Geist soll erhalten bleiben, lautet der innige Wunsch, wenn jemand eine Türklinke in der Hand hat. „Vielleicht lassen sie sich irgendwann doch noch zu einem Konzert überreden", ist mein spontaner Gedanke, wenn ich mich an meine Freude an ihrer Musik erinnere.

In manchen alten Geschichten – auch in der von Lots Frau (1. Mose 19,26) – ist symbolisch die Rede davon, dass erstarrt, wer zurückblickt. Das Leben treibt uns an; die Bahnen, die vor uns liegen, warten auf unsere festen Schritte. Der Lebensweg erlaubt nicht jedes Gepäck. Nicht nur das, was sich nicht bewährt hat oder überholt ist, müssen wir zurücklassen, sondern auch das Gute, das Gelungene, das Beste.

Den guten Tag beendet die Dämmerung,
den guten Schlaf das Morgengrauen.
Die gute Ernte beendet der Herbst,
die Freude am Schnee der Frühling.
Den guten Auftrag beendet der Lohn,
den schönen Abend die Zugabe.
Nachbarschaft beendet der Umzug,
jeden Aufbruch beendet die Routine.
Wer einen Thron besteigt, dankt ab,
wer etwas besitzt, vererbt.
Jeden Erfolg beendet der Applaus
und jedes Buch die letzte Seite.

Alles beendet die Zeit.

Tango
Wange an Wange

Tango ist für mich der Tanz der Lebensmitte. Zur Jugend passt er nicht recht. Die Frage nach Führen und Geführtwerden muss bei diesem Tanz nicht mehr diskutiert werden. Wer sich nicht zu führen getraut oder wer sich nicht führen lässt, ist noch nicht wirklich beim Tango angekommen. Trotzdem ist der Tango der Tanz der gleich Starken; jeder tanzt für sich und doch tanzen beide gemeinsam. Die Besonderheit des Tangos liegt gar nicht im Führen, sondern im Halten. Es geht um vor und zurück, um oben und unten, um Trennen und Finden, um Ringen und Kämpfen. Aber alles geschieht nicht mehr im Gegeneinander, sondern im Miteinander. Es geht darum, die Kraft des Lebens in die Hand zu nehmen und auszudrücken. Es geht um eine neue Ebene der Beziehung zwischen Mann und Frau.

Werben, Schmeicheln oder Anbeten – das ist nicht der Tango. Im Tango ruft man sich gegenseitig zu: Sei, wer du bist! Aber auch das sagt man sich: Ich sehe dich und ich mag dich. Ich weiß, wer du bist, und ich liebe dich so, wie du bist. Und ich werde nicht aufhören zu sehen, wer du noch sein könntest, und ich werde auch nicht aufhören, dich herauszufordern, ja dich zu drängen und zu jagen, das zu werden, was in dir steckt.

Wer Tango tanzt, hat schon einiges hinter sich, da gibt es keine süßen Blicke in die Augen. Ich schaue längst, wohin ich will, aber auch in großer Entschlossenheit mit dir gemeinsam in eine Richtung. Wir sind schon älter, aber noch voller Kraft.

„Lass dein Feuer brennen", rufe ich ihr zu. „Und du hüte deines", ruft sie zurück. Sie dreht sich weg in ihre Welt, in ihre Träume und sie dreht sich zurück und für einen Augenblick sehe ich das Funkeln in ihren Augen.

„Hast du immer noch Angst vor dem Stier, der in dir

ist, vor den Energien, die Zerstörung oder Leben bringen können?", lese ich darin.

"Hast du nicht genug gelernt? Worauf wartest du denn noch?", frage ich zurück.

"Es geschieht dir nichts, lass die tiefen Kräfte kommen, vertrau dem Tanz des Lebens", fordert sie mich auf.

"Ich halte dich fest, wenn du dich wiegst", rufe ich ihr zu.

In der zweiten Lebenshälfte ist es Zeit, die Tanzfläche zu betreten und zu rufen: "Tango!"

ich sehe
du nimmst an
ich unterscheide
du entscheidest
ich lasse los
du empfängst
ich halte
du wirst gehalten

du siehst
ich nehme an
du unterscheidest
ich entscheide
du lässt los
ich empfange
du hältst
ich werde gehalten

es ist Liebe

Ruhestand
Versprechen und Segen

Initiation, Heirat und der Übergang vom Arbeitsleben in den Ruhestand sind wesentliche Wendepunkte der Lebensreise. Konfirmation oder Firmung und Hochzeit werden mit Symbolen, Segenswünschen und umfassenden Versprechen der Betroffenen gefeiert.

Aber was ist mit dem Beginn des Ruhestands? Manchmal markieren nichts als ein Essen und ein Blumenstrauß diese große Wende des Lebens. Aber selbst wenn die Geschenke ausgefallener und mit Bedacht gewählt sind – wo ist der Segen oder gar ein Versprechen für die Zukunft?

Das Fehlen eines Rituals und eines Zuspruchs hinterlässt Unsicherheit. Wo an Übergängen keine Brücken sind, ist die Gefahr groß, abzustürzen. Ohne einen würdevollen Übergang für diesen Lebenseinschnitt fehlt etwas Wesentliches, geht es doch immerhin um die Erhebung in einen anderen Stand, den Ruhestand.

Die großen Themen dieses Lebensabschnitts betreffen die Frage, wie es gelingen kann, verantwortliche Rollen abzulegen und beratende anzunehmen. Das gilt nicht nur für die berufliche Ebene, sondern auch für ehrenamtliche Arbeit und ebenso für die Verantwortung in der Familie.

Die Alten und ihr Rat haben in allen traditionellen Kulturen einen festen Platz im Sozialgefüge. In weiten Teilen der westlichen Welt wird das Alter aber nicht mehr geschätzt und deshalb fehlen Rituale für den Übergang zwischen Arbeitsleben und den Aufgaben des Alters. Der Rat der Alten wird oft als störend und unsinnig empfunden, ihre Einsichten gelten als „gestrig". Viele alte Menschen haben eine wirklich beratende, unterstützende und ermutigende Sprache auch nicht gelernt und manche können sich nicht davon verabschieden, alles selbst zu bestimmen.

Jeder Mensch hat die individuelle Freiheit, seine eigene Reise zu gestalten. Der Schritt in den Ruhestand ist eine große Chance, sich in Freiheit und mit genügend Zeit den Dingen zu widmen, die bisher nicht möglich waren. Manche Menschen suchen jetzt noch einmal sportliche, soziale oder geistige Herausforderungen, nehmen eine ehrenamtliche Tätigkeit in den Blick und pflegen ihren Freundeskreis. Und viele haben jetzt erst wirklich die Ruhe und Muße, sich um ihren eigenen spirituellen Weg zu kümmern.

Franz erzählt: Ich bin Fliesenleger und habe nach der Pensionierung zuerst eine Pilgerwanderung nach Altötting gemacht. Jetzt gehe ich jedes Jahr als freiwilliger Helfer einen Monat in ein Benediktinerkloster nach Jerusalem. Ich arbeite im Garten und als Hausmeister und genieße die Gespräche und Liturgien mit den Patres. Für mich geht dabei jedes Jahr ein Traum in Erfüllung, der in meiner Arbeitszeit völlig undenkbar war.

Jussuf erzählt: Als meine Lebensversicherung ausbezahlt wurde, dachten meine Frau und ich darüber nach, wie wir unseren vier Kindern am besten etwas für die Zukunft mitgeben können. Ich überlegte, zur Wertanlage und Absicherung für die Zukunft eine Wohnung zu kaufen, aber rasch war uns klar, dass in unserem Leben immer auch andere Werte wichtig waren und diese Werte letztlich mehr zählen als materieller Besitz. Die Entscheidung fiel uns nicht schwer. Wir luden alle Kinder samt ihren Familien zu einer vierwöchigen Reise nach Brasilien ein. In diesem Land hatten wir vor vielen Jahren gelebt und hier sind viele unserer Lebensträume geboren worden. Diese Reise an einem wichtigen Wendepunkt meiner persönlichen Lebensreise ist zu einem kostbaren Schatz in unseren Erinnerungen geworden und zu einem schönen Fest der Familie und des Lebens.

Der Beginn des Ruhestands und das Abschiednehmen von der sogenannten aktiven Zeit als Teil der arbeitenden Gesellschaft ist ein großer Schritt. Jede große Schwelle im Leben lädt ein, innezuhalten und zunächst zurückzuschauen. Der Schritt zurück, Rückblick und Erinnerung geben der Wendung nach vorne Tiefe und Fundament. Sich an

Weggefährten, Geschichten, Episoden, Schwänke, Erfolge und Krisenzeiten zu erinnern und sie in Dankbarkeit zu betrachten gehört zu jedem bedeutenden Fest. Für eine noch ausstehende Entschuldigung oder ein Wort der Wertschätzung ist jetzt ein guter Zeitpunkt.

Für den Ausblick in die Zukunft sind weder viele Worte noch großartig ausgeschmückte Visionen nötig. Aber ein Versprechen und ein Segen sind angebracht. Denn an jeder Schwelle eröffnet sich ein neuer Raum mit all seinen neuen Farben, Bildern, Geschichten, Ängsten und Hoffnungen. Versprechen und Segen sind an jedem Übergang eine kostbare Kraftquelle und machen das Eingebundensein in größere Zusammenhänge erfahrbar.

Pensionsversprechen

Ich danke für die Zeit der Arbeit.
Ich verspreche, alle an meinen Erfahrungen und Lehren
teilhaben zu lassen,
die mich danach fragen.
Ich danke für alles, was ich mir erarbeiten konnte.
Ich verspreche, alle zu unterstützen, die etwas Gutes aufbauen,
wenn sie mich darum bitten.
Ich danke für die Kraft, die mir in meinen Krisen gegeben war.
Ich verspreche, mit Rat und Tat denen zur Seite zu stehen, die
in eine Krise geraten
und bei mir Stärkung suchen.

Pensionssegen

Wir brauchen deine Hände.
Nicht mehr an den Rädern,
sondern auf unseren Schultern.

Wir brauchen deine Füße.
Nicht mehr in den lauten Straßen,
sondern an den Orten der Stille und des Zuhörens.

Wir brauchen dein Gesicht.
Nicht mehr in die Zukunft blickend,
sondern in die Gegenwart.

Wir brauchen dein Lächeln.
Und deinen Stolz auf uns.

Möge deine Ruhe uns Hoffnung geben.
Möge dein Abend versöhnlich sein.

Möge der Herbst die Farben zum Leuchten bringen.

Der gute Wein
Würze des Lebens

Ich trinke gerne einen guten Rotwein. Ich bin kein Wein-
kenner und die Fachsprache der Sommeliers ist mir fremd
geblieben. Aber meine Frau und ich haben eine eigene
Sprache entwickelt und die klingt dann so:

„Der gute Wein sitzt solide im Glas, er ist ehrlich und
gibt nicht an. Er hängt nicht nach einer Seite. Er spricht vor
und nach den Lippen dieselbe Sprache. Er macht Wellen.
Er bremst nicht beim Abgang. Er lässt einen Tropfen an der
Zungenspitze zurück. Er hat Zeit. Er lädt auf ein Lächeln
ein."

Wenn ich alt bin, möchte ich wie ein guter Rotwein sein.
Ich möchte solide sitzen, meine Füße auf der Erde stehen
haben und in meinen Schuhen gehen.

Ich möchte niemanden und nichts beschuldigen, auf
niemanden mehr zeigen und mich verstellen, um einen
Vorteil zu haben. Ich will nicht mehr vorgeben, etwas zu
sein oder zu haben, was nicht wirklich so ist.

Ich will Links und Rechts integriert haben. Politisch
will ich ein Schwarzer mit rotem Herz und ein Roter mit
schwarzem Denken sein. Ich möchte katholischer Protes-
tant und ein protestantischer Katholik sein – ein Bekenner
mit heiligem Respekt vor allen anderen Meinungen.

Ich möchte ein europäischer Tiroler und ein ganz klein
wenig auch ein afrikanischer Chinese sein. Alles, was ich
berührt habe, möchte ich in irgendeiner Form integrieren.
Ich habe eine linke und eine rechte Hand, ich habe Herz
und Verstand; ich will keine Seite bevorzugen.

Nie werden Denken und Reden dasselbe sein, aber
Denken kann das Reden umkreisen und einer Spirale
gleich zur Mitte führen. Auch Reden und Handeln sind nie
eins, aber ich will den Abstand gering halten und was ich
sage und tue, soll für niemanden mehr eine Überraschung
sein.

Das Meer schlägt Wellen, ebenso der See und die Quelle. Nur Abgestandenes ist spiegelglatt. Kein guter Wein geht glatt über die Zunge und ebenso wenig ein gutes Wort.

Am meisten verwundern sich unsere Freunde über unsere ausführliche Diskussion über das Bremsverhalten von Weinen. Es gibt scharfe Bremser, weiche Bremser, Nachbremser oder Handbremser; Schröpfer und einseitige Bremser sind die schlimmsten. Manche Weine haben ein ganzes Arsenal von Bremsen und wir rätseln, wie das kommt.

Wenn ich alt bin, möchte ich, so gut es geht, die einfache Weisheit leben, dass man den Fluss weder anhalten noch anschieben kann. Ich möchte nichts aufhalten, was fließen will. Und ich will auch zu Ende gekommen sein mit Belehren und Schieben und dem Blick, der sagt: Solltest du nicht ...?

Der Tropfen an der Zungenspitze zeichnet einen guten Wein besonders aus. Nicht zu viel, nicht zu wenig. Ein Besuch, ein Händedruck, ein Blick, ein Gespräch – ein Tropfen bleibt hängen, nicht zu viel und nicht zu wenig.

Und zu guter Letzt: Mögen wir, wenn wir alt sind, Zeit haben und das Lächeln üben.

Geschmack ist eine Reise.

Was damals begeistert, ist heute normal.
Favoriten stehen nicht mehr zur Wahl.

Die Neugier schreitet voran
und zieht das Gute magisch an.

Unfertige Wendungen
Auch der halbe Mond ist rund

Gelingendes Leben hat mit der Fähigkeit zu tun, in Wendungen nicht zu verharren oder gar gänzlich stehen zu bleiben, sondern sich auf Veränderung einlassen zu können und sich dadurch formen und „wenden" zu lassen.

Viele Wendepunkte des Lebens sind ausdrückliche Einladungen, sich ungeteilten Herzens, mit ganzer Bereitschaft und mit eindeutigem Willen auf etwas Neues einzulassen. Manchmal müssen wir sogar bereit sein, aus den letzten Kraftquellen zu schöpfen. Nicht immer können wir dieser Einladung Folge leisten. Manche Wendungen können wir nur stockend bewältigen, zu anderen setzen wir immer wieder an und gehen sie nicht zu Ende oder wir scheitern schon beim ersten Schritt. Wie viel beginnen wir und schließen es nicht ab. Wie viele Arbeiten gelingen nur ansatzweise. Wie oft zieht sich halbherziges Handeln durch unsere Beziehungen und Vorhaben. Wir wissen um die Notwendigkeit der nächsten Schritte und verweigern die Umsetzung, weil uns die Kraftquelle oder auch der Mut fehlt. Wir träumen von einem Neubeginn und werden wach beim Rückfall in Altes. Andere Wendepunkte gehen wir vorschnell an und nicht selten wollen wir die Folgen später ungeschehen machen. Viele sinnlose Worte senden wir in die Welt und manche unserer Handlungen lösen nichts aus als Stillstand und eigene und fremde Blockaden.

Im Lebenslabyrinth wohl aller Menschen finden sich nur halb gegangene Wendungen, angefangene Wege, nicht gelungene Schritte, hoffnungsvoll begonnene und nicht abgeschlossene Vorhaben, nicht umgesetzte Ideen, versäumte Gelegenheiten, verpasste Gespräche, unterlassene Zuwendungen.

Unvollkommen erscheinen all diese Halbheiten und Versäumnisse. Und doch kann auch Unvollkommenes im Leben sich als richtig erweisen und manchmal sogar ein

Segen sein. Unter einem anderen Blickwinkel oder in der Rückschau kann sich zeigen, dass Wesentliches nur auf einem Umweg zu finden war, dass die Entscheidung gegen eine Chance Freiheit zu etwas Besserem geschenkt hat, dass ein Versäumnis vor etwas Schlechtem bewahrt hat. Und selbst wenn wir dem Unvollkommenen keinen erkennbaren Sinn abgewinnen können, ist er vielleicht dennoch da. Der Glaube daran kann mit der Unvollkommenheit versöhnen.

Manche Wendungen und Veränderungen brauchen eine lange Reifezeit. Nicht alles ist gleich lösbar, nicht alles lässt sich sofort aufarbeiten. Einige Themen und Belastungen im Leben sind für eine gewisse Zeit nirgendwo so gut aufgehoben wie „unter dem Teppich". Manche Wendungen haben ihre Zeit, wenn wir es nicht erwarten, und für manches, das zum Stillstand gekommen ist, gibt es ein leichteres und besseres „Später". Und schließlich gehören zum Leben auch Wendepunkte, die weder gleich noch später gelingen.

Das Kriterium für ein gelungenes Leben ist nicht, alles geschafft zu haben, selbst wenn unsere Sehnsucht nach dem Gelungenen Ausschau hält. Auch die halben Wendungen, auch alles Bruchstückhafte, ja selbst das Misslungene gehört zum Leben. Ist es deshalb weniger „gelungen"? Vielleicht sind unsere Kriterien von Gelingen und Misslingen, die als Orientierung durchaus sinnvoll sind, dem Leben letztlich doch nicht angemessen.

Auch im Halben, auch im Steckengebliebenen, auch im Zerronnenen ist der gute Weg zu finden, den mein Leben nimmt und auf dem ich gehen kann. Und selbst dort, wo das Gute nicht zu entdecken ist, gibt es etwas Größeres als mich allein, das den Bogen zu schließen vermag.

Ich lebe mein Leben in wachsenden Ringen,
die sich über die Dinge ziehen.
Ich werde den letzten vielleicht nicht vollbringen,
aber versuchen will ich ihn.

RAINER MARIA RILKE

Wirklich alt werden
Den Kreis schließen

Kann es sein, dass einer der schwierigsten Sätze unseres Lebens lautet: „Ich werde gerne alt"? Viel vertrauter sind meist andere Aussprüche wie: „Auf das Altwerden brauchst du dich nicht zu freuen." Oder: „Nur ja niemandem zur Last fallen."

Wenn diese letzten Wendungen im Leben vor einem Menschen liegen, wenn Kräfte, über die man bisher so selbstverständlich verfügen konnte, unwiderruflich schwinden, wenn es zunehmend schwer fällt, den Überblick und die Orientierung zu behalten, wenn Erinnerungen nicht mehr genau abrufbar sind, dann öffnet sich noch einmal eine große emotionale Schere. Viele Menschen schwanken in dieser Zeit zwischen unbändigem Zorn und Schmerz und großer Freude und Dankbarkeit. Der Verlust der eigenen Kraft und Macht, das Schwinden der Fähigkeiten und das Nachlassen der Leistungsfähigkeit lösen Zorn aus. Verwunderte Vorwürfe, dass ich nicht mehr so bin wie früher, verstärken meine Wut nur noch. Wenn mir dann noch all das einfällt, was ich eigentlich noch so gerne getan hätte, nun aber nicht mehr kann, dann stehe ich am Rande des tiefen Tals der Bitterkeit. Nicht selten stellen sich in dieser Zeit körperliche Beschwerden ein. Die meisten Kräfte richten sich dann auf die Verbesserung der Gesundheit und die Arbeit an der inneren Reise rückt dadurch in den Hintergrund.

Neben den emotionalen Tiefs stehen überraschende Höhenflüge. Das Zurückblicken lädt ein, das viele Gute zu sehen, das sich wunderbar und zeitgerecht ineinandergefügt hat, ebenso die Liebe, die an so vielen Wegen und Wendungen spürbar war, und die vielen Menschen, die uns begleitet und ihre Treue nie infrage gestellt haben. Alte Fotos und Erinnerungen an lange Zurückliegendes lassen manche Träne der Rührung fließen. Strahlende Gesichter von

Enkeln und liebevolle Gesten alter Freunde erwecken tiefe Dankbarkeit.

Noch einmal, und diesmal mit großer Entschlossenheit, gewinnt das Geheimnis des Loslassens zentrale Bedeutung für das Leben. Aufzuräumen und sich dabei von alten Dingen zu trennen ist noch relativ leicht, aber den Autoschlüssel endgültig aus der Hand zu geben, die letzten verantwortlichen Aufgaben zu übertragen, die Verwaltung des eigenen Besitzes zu übergeben oder um eine Haushaltshilfe zu bitten – das sind Meisterprüfungen des Loslassens.

Es bleiben letzte versöhnliche Schritte, das stille und einfache Annehmen der großen Klammer des Lebens, die in der christlichen Tradition so ausgedrückt wird: „Liebe Gott von ganzem Herzen, ganzer Seele und ganzer Kraft und deinen Nächsten wie dich selbst." (Markus 12,30-31; Matthäus 22,37-39; Lukas 10,27)

Gott – wer immer er ist hinter den tausend Bildern, die sich Menschen machen und die sich auch im Laufe des eigenen Lebens so oft gewandelt haben – will ich in Demut als das nehmen, was es ist: größer als mein Herz und größer als mein Verstand und doch nahe und liebevoll versprechend: Du bist aufgehoben.

Den Nächsten zu lieben heißt, Ärgernisse und Schwächen hintanzustellen. Es ist Zeit geworden, das Gute zu sehen und das Gute anzunehmen, Vorwürfe zu beenden und wohlwollend Frieden zu schließen mit dem, was möglich war.

Was wäre das Leben, wenn wir nicht immerzu hofften, dass noch viel mehr möglich ist? Wenn wir nicht immer wieder noch etwas Schöneres in den anderen ersehnten? Aber es kommt die Zeit zu sagen: Ich nehme dankbar das, was da ist, und freue mich an dem, was ist, und lasse alles, was hätte sein können, hinter mir zurück.

Sich selbst zu lieben steht nicht von ungefähr an dritter Stelle. Denn diese Aufgabe dauert am längsten und ist oft am schwersten. Unser Leben ohne Wenn und Aber so zu nehmen, wie es war und ist, uns selbst ohne Druck und

Vorwurf so zu akzeptieren, wie wir sind, ist die größte Aufgabe, die uns das Leben zumutet. Uns selbst gar zu lieben ist eine Kunst, die uns wohl nur für kurze Augenblicke im Leben gelingt und die uns am Ende des Weges noch einmal alles abverlangt.

Die letzten Zeiten im Leben haben wohl auch deshalb so viel mit Abgeben und Loslassen zu tun, damit die letzten kostbaren Schritte der Liebe von Ablenkungen befreit werden. Die Versöhnung mit dem Himmel, den Menschen und sich selbst erfordert für ihren letzten Schliff die gesamte Konzentration auf das Wesentliche. Wer sich auf dieses wichtigste Ziel des Menschseins ausrichtet und die letzten Herausforderungen des Alters annimmt, kann dann auch freimütig sagen: „Ich werde gerne alt."

Kleine Kinder sind oft erstaunlich eins mit sich und der Welt. Alt zu werden kennt kein anderes Ziel.

Der große Segen
Das Gesicht aufleuchten lassen

„Papa, schau her", ruft die kleine Paula von der Schaukel.

„Ja, Paula, ich sehe dich", rufe ich zurück.

Das fröhliche Kinderlachen ist jedes Mal ein Fest des Lebens. Kürzlich habe ich auf das „Papa, schau her" geantwortet: „Super, wie du das kannst, ganz toll machst du das. Bravo."

Meine Frau meinte daraufhin: „Sie hat nicht gefragt, wie sie das macht und ob das gut oder toll ist, sie hat einfach nur gesagt: Schau her."

Tief in unserer Seele liegt der Wunsch, gesehen zu werden, wahrgenommen zu werden und selbst hinzuschauen auf das, was ist. Das Beste, was uns passieren kann, ist es, gesehen und nicht verurteilt oder verworfen zu werden, angesehen zu werden von einem wohlwollenden und leuchtenden Gesicht. Das Strahlen der Kinder zeigt, wie viel dieser Blick bedeutet.

In meiner Jugendzeit, wenn ich am Samstag spät nach Hause kam, war mir der Sonntagmorgengottesdienst lange Zeit zu früh angesetzt und trotz meiner Verbindung zur kirchlichen Jugend hielt sich meine Lust, am Gottesdienst teilzunehmen, in engen Grenzen. Trotzdem versuchte ich manchmal, rechtzeitig zum Segen in der Kirche zu sein. Damals habe ich es unbewusst gespürt, heute weiß ich klarer um die Kraft und tiefe Schönheit des Segens am Ende des Gottesdienstes.

Das größte Geheimnis des Lebens liegt in dem Glauben, dass wir gesehen werden, dass es einen Gott gibt, der sieht. Einen Gott, der uns herausfordert, der uns drängt und der Ansprüche stellt, die über unserem Maß sind. Aber größer als dieses Drängen sind die Liebe und die Barmherzigkeit, mit der wir gesehen werden. Es ist die Liebe, die uns einlädt zum Tanz des Lebens, zur Pilgerreise durch das Labyrinth.

Ein unendlich wohlwollender Blick ruht auf uns und ich wünsche mir nichts mehr, als dass ich ein klein wenig – und auch immer mehr – meine Kinder, meine Frau, meine Eltern und Geschwister, meine Freunde, die Welt und die Schöpfung und zu guter Letzt mich selbst so ansehen kann, wie Gott mich ansieht. Seine Antwort auf mein „Schau her" ist in der christlichen Tradition im kirchlichen Schlusssegen so ausgedrückt:

Gott segne dich und behüte dich.
Er lasse sein Angesicht leuchten über dir und sei dir gnädig.
Er hebe sein Angesicht auf dich und gebe dir seinen Frieden.

Schöpferkraft
Ankommen und Aufbrechen

Das Labyrinth ist ein gutes Bild für die Entwicklung des menschlichen Lebensweges. Das ursprüngliche Labyrinth ist gerade kein Irrgarten, dessen Abzweigungen ständig Entscheidungen erfordern und in dem das Grundgefühl der Unsicherheit und Angst vorherrscht. Das Labyrinth hat keine Abzweigungen, sondern nur einen Weg. Verschlungen und voller Wendungen umkreist er zuerst mehrmals die Mitte und nachdem er sie erreicht hat, führt er wieder nach außen. Auf das Leben übertragen bedeutet das: Ziele zu erreichen ist nicht das Ende des Wegs, sondern nach den erreichten Zielen steht noch ein weiterer Weg an, der mit neuer Perspektive den alten Spuren folgt. Damit kann sich der Blick auf innere Dinge richten, die noch verwandelt und integriert werden sollen.

Das Leben ist so vielschichtig, dass es sich mit einem zweidimensionalen Bild nur sehr unzureichend beschreiben lässt. So bedeutet auch die Tatsache, dass das Labyrinth nur einen Weg hat, nicht, dass uns dieser eine Lebensweg vorgezeichnet wäre und wir nur lernen müssten, ihm zu folgen. Der Mensch ist mit einer umfassenden Schöpferkraft ausgestattet. Selbst im Alter, wenn die Kräfte des Körpers nachlassen, kann der Geist von seinem – noch weiter zunehmenden – Erfahrungsschatz zehren und sich aktiv erhalten. Für jedes Abenteuer erschaffen wir ein neues Labyrinth und wenn dieses Bild nicht länger auf eine Situation passt, wählen wir uns ein anderes.

Das Labyrinth spricht in faszinierender Weise die Einladung zur Wende aus. Eine Wendung kann eine sanfte Kurskorrektur sein, aber auch eine totale Neuorientierung bedeuten, ein völliges Abweichen von der bisher verfolgten Richtung und die Hinwendung zu einem gänzlich neuen Ziel. Eine Wendung kann aber auch bedeuten, vor einer Mauer zwei Schritte zurückzutreten, um sie dann zu überspringen – oder mit ganzer Kraft dagegen zu rennen.

Manchmal beziehen wir Energie von anderen Menschen, aus ihren Bemerkungen, ihrem Zuspruch und ihren Gedanken. Manchmal führt uns ein irgendwo gelesener Satz zu dem Wissen, was wir tun werden. Manchmal gehen wir nach dem Prinzip vor: Ich klopfe einmal an und wenn jemand öffnet, überschreite ich die Schwelle. Wenn ich gar nicht weiß, was ich tun soll, gehe ich einen Schritt in jede mögliche Richtung. Dann erkenne ich, welche Wege versperrt sind und welche offen stehen.

Manchmal liegt alle auf ein Ziel gerichtete Energie in mir selbst. Unabhängig von der Meinung anderer und der Welt weiß ich, was ich tun will und werde, und nichts kann mich davon abbringen, auch nicht Befürchtungen und Bedenken wie: „Das wird aber nicht gehen." In dieser Entschiedenheit muss ich nicht nach einem offenen Pfad suchen, sondern kann mir einen neuen Pfad bahnen.

Das Leben lädt ein, als Schöpfer und Schöpferin zu agieren, zu träumen, aufzubrechen, zu gestalten, zu beenden, zu formen, zu versuchen, zu planen, umzusetzen. Wir sind eingeladen zur Kühnheit und Kreativität, zu List und Gottvertrauen, zu Geduld und Konsequenz, zum Schaffen und Erschaffen.

In allem, was wir tun und erleben, gehen wir nicht nur auf die von uns verfolgten Ziele, sondern auch auf ein weit größeres Ziel zu. In den äußeren Veränderungen vollzieht sich eine innere Wandlung. Wenn diese Wandlung, wenn die Höhen und die Tiefen unseres Lebens den Boden bereiten, den Raum dehnen, das Herz weiten und darin die Liebe wächst und blüht, dann entfaltet sich unser Leben zu tiefer Schönheit und Dankbarkeit.

Das Leben ist ein beständiges Gehen im Labyrinth.
Ankommen und Aufbrechen,
zur Mitte finden und sie wieder verlassen.
Sich wenden müssen und doch immer weiterkommen.

Nachbemerkung und Dank

Viele Menschen haben mit ihren Gedanken zu diesem Buch beigetragen. Manchmal habe ich ähnliche Berichte mehrerer Personen zu einer Erzählung zusammengefasst. Nicht an alle Namen oder Details kann ich mich sicher erinnern; ich greife auf mein intuitives Gedächtnis zurück. Selbstverständlich bin ich dankbar für jede Verbesserung, Ergänzung oder Richtigstellung.

Am Schluss der Kapitel habe ich eigene oder zitierte Texte angefügt, die dem Nachdenken über Lebenswunden auch poetisch Ausdruck verleihen.

Das Leben miteinander zu teilen ist ein wunderbares Element des Menschseins. Deshalb möchte ich auch weiterhin Erzählungen von wichtigen Wendepunkten des Lebens sammeln und freue mich über jede Zusendung.

Sie können mit mir in Kontakt treten über www.labyrinth.at und www.labyrinthe.at.

Ich danke besonders meinem Lektor Dr. Dietrich Voorgang, der mich dazu herausgefordert hat, ein weiteres Buch zu schreiben, und der mit seinen prägnanten Kommentaren wichtige Ergänzungen und Änderungen gefördert hat.

Ich danke vor allem meiner Frau Ulli und meinen Töchtern Hannah und Paula. Gemeinsam mit ihnen habe ich entscheidende eigene Erfahrungen wichtiger Lebenswendungen gemacht. Sie haben mir auch den Raum und die Zeit gelassen, mich wochenlang zurückzuziehen, um all das aufzuschreiben.

Innsbruck, im Sommer 2009
Gernot Candolini

Quellenverzeichnis

S. 9
Aus: J.R.R. Tolkien. Der Herr der Ringe. Teil 3: Die Rückkehr des Königs. Aus dem Engl. von Margaret Carroux. Gedichtübertragungen von E.-M. von Freymann. © 1966 by George Allen & Unwin Ltd., London. Published by arrangement with HarperCollins Publishers Ltd., London. Klett-Cotta, Stuttgart 1970

S. 12
Zitat aus: Hermann Kern, Labyrinthe. Prestel Verlag, München 1995

S. 21
© bei der Autorin, aus: Doris Reinthaler, Ein Glück, dass es dich gibt. Ein Dank an Großmütter und Großväter. Kreuz Verlag, Stuttgart 1999

S. 89
Aus: Paula d'Arcy, Gift of the Red Bird: A Spiritual Encounter. The Crossroad Publishing Company, New York 2002. Textauszug übersetzt von Gernot Candolini

GEHEIMNIS LABYRINTH

Gernot Candolini
Labyrinth
Wege der Erkenntnis und der Liebe

160 S., Paperback
ISBN 978-3-532-62315-2

Labyrinthe sind magische, geheimnisvolle Orte, die die Menschen seit jeher fasziniert haben. Das Labyrinth gleicht einer Landkarte unserer Seele. Wer es betritt, macht sich auf den Weg zu sich selbst. Diese Reise führt direkt in das Zentrum unserer eigenen Kraft und Weisheit.

All unsere Bücher erhalten Sie in Ihrer Buchhandlung oder versandkostenfrei (innerhalb Deutschlands) direkt bei uns: 089-121 72 119.

www.claudius.de

IM SEGEN GOTTES LIEBE SPÜREN

Gernot Candolini
Segen
Kraftquelle des Lebens
112 S., Paperback
ISBN 978-3-532-62447-0

Segen ist ein Geschenk, Segen lässt uns Gottes Liebe spüren, Segen ist eine Quelle der Kraft, mitten im Leben. Eine aufregende Reise, der Verlust eines lieben Menschen oder ein ganz alltäglicher Morgen – Gernot Candolini erzählt von der Kraft des Segens in den verschiedenen Lebenssituationen. Vertraute und neue Segensworte inspirieren dazu, sich im eigenen Leben von der Fülle des Segens berühren zu lassen und ihn zu teilen.

www.claudius.de

AUS EHRFURCHT VOR DEM LEBEN

Leonardo Boff
Achtsamkeit
Von der Notwendigkeit, unsere Haltung zu ändern

216 S., Paperback
ISBN 978-3-532-62432-6

Veränderung beginnt im Kleinen und bei jedem Einzelnen. Das Bild einer besseren Zukunft, das der weltberühmte Befreiungstheologe Leonardo Boff entwirft, ist radikal, aber konkret und umsetzbar. Ein neues von Liebe und Respekt getragenes Menschenbild und eine Ökologie der Nachhaltigkeit, im Kleinen wie im Großen – das ist Boffs Vision einer neuen Achtsamkeit.

www.claudius.de